Eichendorff | Aus dem Leben eines Taugenichts

Lektüreschlüssel XL

für Schülerinnen und Schüler

Joseph von Eichendorff

Aus dem Leben eines Taugenichts

Von Theodor Pelster

Reclam

Dieser Lektüreschlüssel bezieht sich auf folgende Textausgabe:
Joseph von Eichendorff: *Aus dem Leben eines Taugenichts*. Hrsg.
von Max Kämper. Stuttgart: Reclam, 2015. (Reclam XL. Text und
Kontext, 19238.)
Diese Ausgabe des Werktextes ist seiten- und zeilengleich
mit der in Reclams Universal-Bibliothek Nr. 2354.

E-Book-Ausgaben finden Sie auf unserer Website
unter www.reclam.de/e-book

Lektüreschlüssel XL | Nr. 15502
2019 Philipp Reclam jun. Verlag GmbH,
Siemensstraße 32, 71254 Ditzingen
Druck und Bindung: Kösel GmbH & Co. KG,
Am Buchweg 1, 87452 Altusried-Krugzell
Printed in Germany 2019
RECLAM ist eine eingetragene Marke
der Philipp Reclam jun. GmbH & Co. KG, Stuttgart
ISBN 978-3-15-015502-8

Auch als E-Book erhältlich

www.reclam.de

Inhalt

1. Schnelleinstieg

Autor	Joseph Freiherr von Eichendorff, geboren 10. 3. 1788 auf Schloss Lubowitz bei Ratibor (Schlesien), gestorben 26. 11. 1857 in Neisse (Schlesien; heute: Nysa in Polen). • Beamter in preußischen Diensten • Dichter, Romancier, Dramatiker, Übersetzer, Essayist, Literaturwissenschaftler
Gattung	Novelle
Epoche	Spätromantik
Entstehung und Veröffentlichung	• Entstehung ab 1817 • Veröffentlichung der ersten beiden Kapitel: 1823 unter dem Titel *Ein Kapitel aus dem Leben eines Taugenichts* • Publikation des vollständigen Texts: 1826 in der Sammelausgabe *Aus dem Leben eines Taugenichts und das Marmorbild. Zwei Novellen nebst einem Anhange von Liedern und Romanzen von Joseph Freiherrn von Eichendorff*
Orte und Zeit der Handlung	• Schauplätze sind: die väterliche Mühle, das Schloss bei Wien, das Schloss im Gebirge, Rom, das Postschiff auf der Donau, der Reiseweg selbst • Anfang des 19. Jahrhunderts
Kurzinhalt	Rückblickend schildert ein Ich-Erzähler, der Sohn eines Müllers, was er im Laufe von ungefähr einem Jahr erlebt hat, nachdem ihn sein Vater aus dem Haus gejagt hat. Zusammengefasst: Er hat Glück gehabt. Er hat bei einer netten Herrschaft Anstellung gefunden, sich verliebt, vieles von der Welt kennengelernt und endlich seine Liebste heiraten können.
Literarische Vorbilder	• Ludwig Tieck: Franz Sternbalds Wanderungen. Eine altdeutsche Geschichte. 1798. • Johann Wolfgang Goethe: Aus meinem Leben. Dichtung und Wahrheit. Erschienen seit 1811.

In die Welt zu ziehen, um dort ›sein Glück zu machen‹, ist nicht nur ein Motiv von Märchenhelden, sondern ein ursprüngliches Bedürfnis des Menschen – vor allem des jungen Menschen. Die Frage aber ist: Was ist das ›Glück‹? Wo findet und wo erfährt man es? Was muss man tun, um es zu gewinnen, zu erarbeiten, zu erhalten?

Die Frage nach dem Glück scheint von so grundsätzlicher Bedeutung zu sein, dass sie immer wieder und in immer neuen Zusammenhängen gestellt wird – in Sprichwörtern und Weisheitssätzen, in Dichtungen und philosophischen Abhandlungen. Antworten liegen vor in lebenspraktischen Handreichungen, in religiösen, in philosophischen, in literarischen Texten. Endgültiges ist von keiner dieser Abhandlungen zu erwarten. Schon das Wort ›Glück‹, das sich verhältnismäßig spät in der deutschen Sprache entwickelt hat, entzieht sich einer genauen inhaltlichen Bestimmung. Ob es eine direkte Beziehung zwischen ›Glück haben‹ und ›glücklich sein‹ gibt, ist eine oft diskutierte Frage.

■ Glück und Schicksal

Hinter den verschiedenen Konzeptionen von Glück steht die viel grundsätzlichere Frage, ob der Mensch Mächten ausgeliefert ist, auf die er keinen Einfluss hat, die vielmehr umgekehrt in sein Leben eingreifen. Er nennt sie abwechselnd Zufall, Schicksal, Fügung – oder auch Glück und Pech und sieht in diesen Erscheinungen Auswirkungen außerirdischer Instanzen, göttlicher, teuflischer oder gänzlich undurchschaubarer Kräfte.

Einige Grundeinstellungen hat man zu klassifizieren versucht. So nennt man jemanden, der der Ansicht ist, dass »Leben und Welt vom Schlechten und Bösen beherrscht werden«[1], einen Pessimisten. Als Optimist gilt derjenige, der auch in widrigen Lagen zuversichtlich bleibt und alles, was geschieht, von der besten Seite sieht. Er ist wie der große Philosoph Gottfried Wilhelm Leibniz (1646–1716) der Ansicht, dass die Welt, die uns gegeben ist, »die beste aller möglichen«[2] sei und dass der Mensch in dieser Welt glücklich werden könne.

■ Pessimismus und Optimismus

Ist das eine Ideologie, eine Utopie, eine Illusion? Eichendorffs Novelle *Aus dem Leben eines Taugenichts* ist ein Gedankenentwurf. Modellartig wird vorgeführt, wie und wo ein junger Mensch das Glück sucht – und findet: Von seinem Vater als »Taugenichts« (S. 5) beschimpft, verlässt dieser junge Mann sein Zuhause und zieht los. Er akzeptiert die Benennung »Taugenichts« und gibt ihr eine neue, positive inhaltliche Füllung. Er erinnert sich: »[A]ls ich endlich ins freie Feld hinauskam, da nahm ich meine liebe Geige vor, und spielte und sang, auf der Landstraße fortgehend« (S. 5).

■ Das Glück als Modell

Selbst wenn man die Darlegungen als unrealistisch, als typisch romantisch einstuft und wenn man das Ganze für eine Idylle hält, so lohnt die Auseinandersetzung. Sie hat unter anderem zum Ziel, die eigene

1 Johannes Hoffmeister (Hrsg.), *Wörterbuch der philosophischen Begriffe,* Hamburg ²1955, S. 461.
2 Ebd., S. 444.

9

■ Die eigene
Lebensein-
stellung

Grundeinstellung zu prüfen: Wie wird man zum Op-
timisten, wie zum Pessimisten? Welche Gründe gibt
es für die eine Haltung, welche für die andere? Ist tatsächlich jeder, wie das Sprichwort zu denken nahe-
legt, selbst »seines Glückes Schmied«? Ist ›glücklich
sein‹ ein möglicher, ein erstrebenswerter, ein erreich-
barer Zustand? Oder ist die Geschichte vom Glück
tatsächlich nur ein romantisches Märchen?

2. Inhaltsangabe

Der Ich-Erzähler, der als junger Mann eines Morgens von seinem Vater, einem Müller, als »Taugenichts« (S. 5) ausgeschimpft und fortgeschickt wurde und daraufhin beschloss, »in die Welt [zu] gehen« (S. 5), berichtet im Rückblick, wie es ihm dort ergangen ist.

Erstes Kapitel

Kaum hat der Taugenichts das Dorf und seines Vaters Mühle verlassen, da hält ein vornehmer Reisewagen neben ihm und zwei schöne Damen bieten dem singenden und Geige spielenden Wandersmann an, ihn eine Strecke mitzunehmen. Er springt hinten auf den Wagen, betrachtet eine Zeit lang die Landschaft, schläft ein und befindet sich, als er wach wird, in der Einfahrt eines schönen Schlosses in der Nähe von Wien.

Eine Kammerjungfer lässt im Auftrag der gnädigen »Herrschaft« (S. 8) fragen, ob der eben Angekommene im Schloss als Gärtnerbursche dienen wolle. Ohne lange zu überlegen, nimmt dieser die Stelle an und resümiert aus dem Abstand des Erzählers: »Überhaupt weiß ich eigentlich gar nicht recht, wie doch alles so gekommen war, ich sagte nur immerfort zu allem: Ja« (S. 8).

Zu der Zeit, da die Handlung spielt, kann er noch nicht ahnen, dass die zufällige Bekanntschaft mit den beiden Damen im Reisewagen über seinen ganzen weiteren Lebensweg entscheidet. Spontan hat er sich

■ Der Aufbruch

nämlich in die eine der beiden Damen, die »besonders schön und jünger als die andere« (S. 6) ist, verliebt. Er hält sie jedoch für adlig und unerreichbar. Er wird ihr singen und sie verehren und erst am Schluss erfahren, dass sie keineswegs eine abstandgebietende adlige Herrschaft ist, sondern die verwaiste Nichte des Portiers, die im Schloss erzogen wurde und dem »Taugenichts« von Anfang an zugeneigt ist, so dass nach vielen Verwirrungen nichts gegen eine Trauung und ein glückliches Ende spricht. Die ältere der beiden Damen ist dagegen tatsächlich die Gräfin des Schlosses, die sowohl die Schloss- wie auch die Familienangelegenheiten zu lenken hat. Diese Haus-, Hof- und Familiengeschichten, die der Taugenichts gar nicht und der Leser nur schwer durchschaut, bilden den Hintergrund der erzählten Geschichte.

Aus der Ferne also verehrt der Taugenichts als Gärtnerbursche »die liebe schöne Frau« (S. 11). Statt zu arbeiten, singt er Lieder und hofft, sie ab und zu am Fenster zu sehen. Als die Hofgesellschaft an einem Sonntag einen Spaziergang durch den Schlossgarten macht und sich vom Gärtnerburschen über den Teich rudern lässt, ist »die schöne Frau« (S. 12) dabei, hält »die Augen niedergeschlagen [...] und sagte gar nichts« (S. 14). Sie reagiert auch nicht, als der Taugenichts ein Lied über die sehnsüchtige Liebe zu einer unerreichbaren Frau hohen Standes singt. Er deutet das Verhalten der schönen Frau fälschlicherweise als gewollte Distanzierung und empfindet tiefen Liebesschmerz.

■ Die »liebe schöne Frau«

Zweites Kapitel

Offensichtlich hat der Taugenichts die Gunst der Herrschaft erworben; denn als der Zolleinnehmer des Landguts stirbt, wird er dessen Nachfolger. Von diesem übernimmt er auch den »roten Schlafrock« (S. 16), die Pantoffeln, die Schlafmütze und die Pfeifen. Tagsüber sitzt der Taugenichts in dieser Aufmachung vor dem Zollhaus und beobachtet die Leute. Da er das »vornehmere Leben« gemütlich findet, überlegt er, das Reisen aufzugeben. So entwickelt sich der Taugenichts zu einem ›Philister‹, einem Spießer (siehe für eine Begriffserklärung Kap. 5 »Quellen und Kontexte«, S. 66–68).

Allerdings vergisst er über diese Veränderungen »die allerschönste Frau keineswegs« (S. 16): Das Amt als Zolleinnehmer lässt ihm Zeit genug, einen Blumengarten anzulegen und jeden Tag einen Strauß für die Verehrte zu binden, der eine Zeit lang heimlich abgeholt wird, dann aber liegen bleibt. Als die Kammerjungfer dem still Verliebten eines Tages den Auftrag übermittelt, für »die gnädige Frau« anlässlich eines Maskenballs Blumen bereitzustellen, ist er »verblüfft vor Freude« (S. 20), weiß er doch nicht, dass der Auftrag tatsächlich von der Gräfin und keineswegs von seiner Angebeteten kommt. Diese sieht er später neben dem jungen Schlossherrn auf dem Balkon, wo man die beiden hochleben lässt. Der Taugenichts kann wiederum nicht wissen, dass »die schöne junge […] Frau« (S. 24) Geburtstag hat und deshalb beglück-

■ Der Taugenichts als Spießer

■ Der Blumengarten

■ Missverständnisse

wünscht wird, dass sie aber nicht – wie von ihm vermutet – mit dem Herrn an ihrer Seite verheiratet ist.

■ **Emotionale**
Abreise
nach Italien

Grenzenlos enttäuscht, holt der Taugenichts die
Geige von der Wand und zieht »gen Italien hinunter«
(S. 27). Dabei ist er »traurig und doch auch wieder so
überaus fröhlich, wie ein Vogel, der aus seinem Käfig
ausreißt« (S. 26); er singt die vierte Strophe jenes
Lieds, das er sang, als er von zu Hause fortging, wo es
heißt: »Den lieben Gott lass ich nur walten« (S. 26).

Drittes Kapitel

■ **Nach Italien**

Da er des Wegs nicht sicher ist, versucht er sich durch-
zufragen. Dabei trifft er auf einen unwirschen Bauern, aber auch auf einen Schäfer in friedlicher Idylle
und eine lebhafte Dorfgemeinschaft: Als er in einem
Dorf zum Tanz aufspielt, macht ihm die Tochter eines
wohlhabenden Gastwirts eindeutige Avancen. Ehe er
jedoch eine eigene Entscheidung darüber fällen kann,
ob er bei dem Mädchen im Dorf bleiben möchte, wird
er von zwei Reitern entführt, die ihn für ortskundig
halten und zwingen wollen, ihnen den »Weg nach B.«
(S. 35 f.) zu zeigen. Unterwegs erkennen die beiden
Reiter, dass der Überwältigte der »Einnehmer vom
Schloss« (S. 37) ist, und bieten ihm einen Posten als
Diener an. Der Taugenichts seinerseits merkt nicht,
dass er in die Flucht zweier sich verboten Liebender
verwickelt wird, die der Gräfin vom Schloss in Wien
zu entkommen versuchen; er durchschaut nicht einmal, dass der angebliche »Maler Leonhard« kein Maler

und der »Maler Guido« nicht einmal ein Mann ist (S. 38).

Eher zufällig treffen die drei Reisegefährten auf das Dorf B., das anvisierte Ziel der beiden angeblichen Maler.

Viertes Kapitel

In B. steht für sie »ein prächtiger Wagen mit vier Postpferden« (S. 40) bereit. Der Taugenichts wird veranlasst, seine angeblich ausgewachsenen Kleider gegen eine vornehme Montur zu wechseln und zu dritt geht es »frisch nach Italien hinein« (S. 40). Während eines Aufenthalts in einem Rasthaus ziehen sich die »Maler« zurück, um Briefe zu schreiben; der Taugenichts trifft beim Abendessen in der Gaststube auf ein »Männlein« (S. 42), das ihn nach seinen Reiseplänen ausfragt. Der Taugenichts flieht vor dem unangenehmen Gefährten nach draußen, bemerkt dort zwar manchmal »eine lange dunkle Gestalt« (S. 43), denkt sich aber nicht viel dabei, und schläft auf einer Bank vor dem Wirtshaus ein. Als er bei Tagesdämmerung wach wird, muss er feststellen, dass die beiden »Maler« verschwunden sind. Sie haben ihm jedoch einen vollen Geldbeutel und den Postwagen zurückgelassen, so dass er die Fahrt »in die weite Welt hinein« (S. 45) fortsetzen kann.

■ Eine neue Rolle

■ Die plötzliche Abreise der »Maler«

Fünftes Kapitel

Der Weg ist offensichtlich vorbestimmt und festgelegt. Er führt durch unwirtliches Gebiet; der Kutscher ist unruhig und fühlt sich verfolgt und plötzlich reitet das »buckliche Männlein« (S. 47) vom Vorabend an der Kutsche vorbei. Endlich scheint das Ziel, »ein großes altes Schloss« (S. 47) im Gebirge, erreicht, in dem der Taugenichts herrschaftlich empfangen wird. Es gefällt ihm alles »recht wohl« (S. 49); er merkt allerdings nicht, dass er in eine falsche Rolle gewiesen wurde. Im Schloss hält man ihn für eine als Mann verkleidete junge Dame; der Leser darf vermuten, dass man eigentlich auf die beiden »Maler« eingerichtet ist, die selbst unter falschem Namen reisen.

■ Erneut auf einem Schloss

Sechstes Kapitel

Das Schloss, so erfährt der Taugenichts, gehört »einem reichen Grafen« (S. 53). Das angenehme Leben, das dem Taugenichts im Schloss bereitet wird, beginnt ihm langweilig zu werden, auch wenn er das Verhalten der Bewohner seltsam findet. Da wird ihm eines Tages ein Brief vom Postillon überbracht, der mit »Aurelie« (S. 55) unterzeichnet ist. Darin steht, dass »alles wieder gut« und zu Hause alles öde sei, »seit Sie von uns fort sind« (S. 55). Für den Taugenichts ist klar, dass der Brief an ihn gerichtet und von der »schönen jungen Frau« geschrieben ist. Überglücklich will er sich sofort auf den Weg machen.

■ Verwechslungen

Tatsächlich ist der Brief aber für die gräfliche Tochter Flora bestimmt, die man als Maler Guido verkleidet im Schloss glaubt. Dieser scheinen die Verfolger, wie etwa das »buckliche Männlein«, auf die Spur gekommen zu sein. Nur mit Mühe kann sich der Taugenichts, der von allen – von den Verfolgern und von den Beschützern im Schloss – für die flüchtige Flora gehalten wird, aus dem verschlossenen Zimmer und aus der versperrten Schlossanlage nach draußen retten, um das Weite zu suchen. Auch der Student, der ihm bei der Flucht hilft, täuscht sich, als er dem Taugenichts ein Liebesgeständnis macht, da er ihn für eine verkleidete Frau hält. Draußen merkt der Taugenichts, dass man vom Schloss aus die Verfolgung aufnimmt; er flieht und läuft »in das Tal und die Nacht hinaus« (S. 60).

■ Die Flucht des Taugenichts

Siebentes Kapitel

Bald darauf kommt er durch »eine große, einsame Heide« (S. 61) und erreicht etwas später Rom. Er hat kaum das Stadttor passiert, da hört er in einem Garten eine Gitarre spielen und eine Stimme jenes »welsche Liedchen« (S. 62) singen, das »die schöne gnädige Frau« (S. 68) so oft zu Hause sang. Er übersteigt die Gartenmauer, doch die Sängerin entflieht unerkannt in ein Haus; der Taugenichts entschließt sich zu warten, schläft dann aber auf der »Schwelle vor der Haustür« (S. 63) ein. Am nächsten Morgen trifft er auf einen Landsmann, einen Maler, der ihn zunächst mit

■ In Rom

sich nach Hause nimmt und dann bestätigt, dass sich »eine Gräfin aus Deutschland« hier in Rom nach zwei »Malern und nach einem jungen Musikanten mit der Geige« (S. 67) erkundigt habe. Sofort glaubt der Taugenichts, dass er selbst der gesuchte Musikant sei und dass seine geliebte und verehrte Frau in unmittelbarer Nähe sein müsse.

■ Der Taugenichts wird gesucht

Achtes Kapitel

»Wie verzaubert« (S. 68) läuft der Taugenichts orientierungslos durch Rom und ist erfreut, als er den malenden Landsmann zufällig wiedertrifft, der ihn zu einem Spaziergang vor die Stadt einlädt. Sie hören einer Abendmusik zu, die bald von einem streitenden Paar gestört wird. Hoch erstaunt ist der Taugenichts, als er in dem streitsüchtigen Mädchen die Kammerjungfer seiner Herrschaft erkennt, die ihm ganz schnell einen Zettel zusteckt, er möge um »[e]lf Uhr an der kleinen Türe« sein; »die schöne junge Gräfin« (S. 74) erwarte ihn. Als er etwas zu früh an der bezeichneten Gartenpforte ist, spielt ihm die Phantasie wieder einen Streich: Er hält die mit einem Mantel bekleidete Kammerjungfer für einen Mörder und löst einen Tumult aus. Die schöne Gräfin, zu der er geladen ist, stellt sich als »eine etwas große korpulente, mächtige Dame« (S. 79) dar, die an einem Liebesabenteuer mit ihm interessiert ist und deshalb den Zettel schickte. Und diejenigen, die er sucht – so erfährt er –, sind schon lange wieder in Deutschland. Sofort be-

■ Erneute Verwechslungen

■ Verzicht auf Liebesabenteuer

schließt er, »dem falschen Italien [...] den Rücken zu kehren« (S. 80).

Neuntes Kapitel

Auf dem Heimweg, an der Grenze zu Österreich, trifft der Taugenichts mit Prager Studenten zusammen. Sie beschließen, gemeinsam zu dem Schloss bei Wien zu fahren, da der Portier, mit dem sich der Taugenichts während seiner Zeit als Zolleinnehmer angefreundet hat, zufällig der Vetter eines dieser Studenten ist. Auf der gemeinsamen Schiffsfahrt die Donau hinunter kommen sie zunächst mit einem jungen Mädchen ins Gespräch, das auf nämlichem Schloss eine Stelle antreten will, und dann mit einem Geistlichen, der weiß, dass es auf dem Schloss »bald eine große Hochzeit geben« (S. 88) werde. Sofort wird der Taugenichts hellhörig und sieht sich in der Rolle des lange erwarteten Bräutigams, der ein »luftiger Vogel sein« soll und »sich in der Fremde herumtreibt« (S. 89). Doch auch hier scheint wieder eine »Konfusion« (S. 89) bevorzustehen, da die Informationen, die die künftige Schlossangestellte hat, nicht mit denen des Geistlichen übereinstimmen, und da bei diesem nicht zu erkennen ist, was er gesichert weiß und was nicht. Zunächst ist der Taugenichts jedoch froh, von fern das Zollhäuschen und das Schloss zu sehen.

■ Nach Wien mit dem Postschiff

■ Die bevorstehende Hochzeit

Zehntes Kapitel

■ Auflösung der Verwicklungen

Endlich lösen sich alle Konfusionen auf. Kaum ist der Taugenichts an seinem Zollhaus vorbei, da hört er vom Garten her eine Stimme ein wohlbekanntes Lied singen. Er erkennt sofort: »Das ist der Herr Guido« (S. 93). Wenig später tritt ihm Herr Leonhard, nun in feiner Jägerkleidung, entgegen. Am Teich sitzt »die schöne gnädige Frau« (S. 93) und neben ihr »eine andre junge Dame« (S. 94). Der zunächst verwirrte und sich geneckt fühlende Taugenichts erfährt, dass die »junge Dame« (S. 95) »Fräulein Flora« (S. 97) ist, die gräfliche Tochter, die sich als »Herr Guido« ausgab, um ihre Verfolger zu täuschen. Der angebliche Herr Leonhard ist in Wirklichkeit der reiche Graf aus der Nachbarschaft, dem das Schloss im Gebirge gehört und der Fräulein Flora aus Liebe aus der »Pensionsanstalt« (S. 100) weg nach Italien entführte, sich dann mit der Gräfin-Mutter versöhnte und nun die Gräfin-Tochter heiraten möchte. Bei all dem hat »die schöne gnädige Frau« mitgewirkt, die in Wirklichkeit die verwaiste Nichte des Portiers namens Aurelie ist.

■ Das Märchenende

Jetzt, da alle Verwirrungen beseitigt sind, steht der offen gezeigten gegenseitigen Liebe und der Hochzeit des Taugenichts mit seiner angehimmelten Aurelie nichts mehr im Weg: Der Graf hat den beiden bereits ein »Schlösschen [...] samt dem Garten und den Weinbergen« (S. 100) geschenkt. Resümee: »[E]s war alles, alles gut!« (S. 101).

3. Figuren

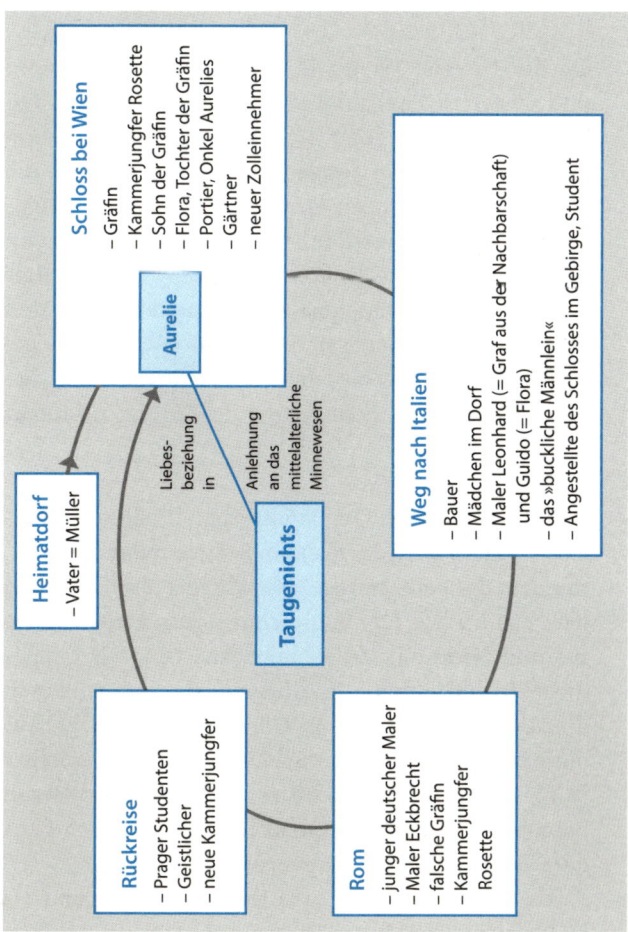

Schloss bei Wien
- Gräfin
- Kammerjungfer Rosette
- Sohn der Gräfin
- Flora, Tochter der Gräfin
- Portier, Onkel Aurelies
- Gärtner
- neuer Zolleinnehmer

Aurelie

Heimatdorf
- Vater = Müller

Taugenichts

Liebesbeziehung in

Anlehnung an das mittelalterliche Minnewesen

Weg nach Italien
- Bauer
- Mädchen im Dorf
- Maler Leonhard (= Graf aus der Nachbarschaft) und Guido (= Flora)
- das »buckliche Männlein«
- Angestellte des Schlosses im Gebirge, Student

Rückreise
- Prager Studenten
- Geistlicher
- neue Kammerjungfer

Rom
- junger deutscher Maler
- Maler Eckbrecht
- falsche Gräfin
- Kammerjungfer Rosette

Abb. 1: Figurenkonstellation, geordnet nach den Stationen der Reise

21

Die Hauptfiguren: Der Taugenichts und »die schöne Dame«

Der Taugenichts als Titelheld

Da die Novelle als Ich-Erzählung dargeboten wird und schon im Titel ankündigt, dass sie Teil einer Lebensgeschichte ist, darf man in dem ebenfalls schon im Titel genannten Taugenichts von vornherein die Hauptfigur der ganzen Geschichte vermuten. Dagegen erkennt man erst im Laufe der Lektüre, dass von den beiden Damen, die den Taugenichts in ihrem Reisewagen mitnehmen, jene, die »besonders schön und jünger als die andere« (S. 6) ist und »Aurelie« (S. 55) heißt, die zweite Hauptfigur darstellt, deren wahre Identität erst am Schluss der Erzählung offenbart wird.

Die Benennung »Taugenichts«

Der Taugenichts. Der Titelheld bleibt eine namenlose Figur. Er wird nach einem Schimpfwort benannt, mit dem der Vater seinen Sohn anredet, ehe er ihn aus dem Haus wirft. Der Sohn lehnt sich in keiner Weise auf und leitet aus der Charakterisierung als Taugenichts lediglich den Entschluss ab: »[...] so will ich in die Welt gehen und mein Glück machen« (S. 5). Auf diese Weise wird er das Schimpfwort »Taugenichts« (S. 5), das eine unbrauchbare, nichtsnutzige Person beschreibt, mit neuem Inhalt füllen. Er taugt auf andere Weise, als es der Vater erwartet.

Die Schicht

Als Sohn eines hart arbeitenden Müllers und als Halbwaise – die Mutter ist verstorben (S. 35) – gehört er nicht zu den materiell und sozial Bevorzugten dieser Welt. Er kommt aus der Schicht der Bauern und Handwerker, stammt vom Land und aus einem Dorf: Der Taugenichts verlässt des »Vaters Mühle«, geht »durch das lange Dorf« und setzt sich von »den armen Leuten« ab, die er »graben und pflügen sah« (S. 5).

Auch wenn der Taugenichts nicht viele Besitztümern hat, ist sein Gemüt so ausgestattet, dass er voller Optimismus in die Zukunft blicken kann. Das Lied, das er zu Anfang seiner Wanderschaft singt und das später, aus dem Zusammenhang der Novelle gelöst, zu einer Art Volkslied wurde, fasst seine Welt- und Lebensanschauung zusammen: Gott als der Schöpfer aller Dinge will »Wald und Feld / Und Erd und Himmel« erhalten (S. 6, 26); er wird deshalb auch ihn, den gläubigen Menschen, beschützen. Er, der Wanderer, ist offen, die »Wunder« der Schöpfung wahrzunehmen, und sieht es als »Gunst« des Himmels an, »in die weite Welt« (S. 6) reisen zu dürfen, anstatt zu Hause den Mühen des Alltags ausgesetzt zu sein.

■ »Wem Gott will rechte Gunst erweisen«

Voll Gottvertrauen, aber ohne festes Ziel und ohne genauen Plan zieht der Taugenichts los. Man kann das naiv nennen, wenn man den ursprünglichen Wortsinn des aus dem Französischen übernommenen und auf das lateinische *nativus*, ›angeboren‹ zurückgehenden Lehnworts meint, nämlich ›natürlich, […] ungezwungen, kindlich, unbefangen‹.[3] Ob diese Naivität Ursache für sein Gottvertrauen oder Folge von diesem ist, mag dahingestellt sein. Auf alle Fälle ist sie

■ Naiver Optimist

3 Hoffmeister (s. Anm. 1), S. 420.

Fundament für seinen Optimismus, der ihn auch in schwierigen Lagen nie ganz verlässt.

Gott-vertrauen

So dürfte er als Fügung ansehen, was andere als Zufall erklären würden. Überall trifft er Leute, die ihm zugetan sind, die ihm weiterhelfen, die ihn auf den richtigen Weg bringen. Auf der Straße, kurz hinter seinem Dorf, wird er in die Kutsche eingeladen und dann bis vor das Schloss gefahren, wo er, ohne dass er sich bewerben müsste, zuerst Gärtnerbursche, dann Zolleinnehmer wird. Obwohl die Beschäftigung angenehm ist und ihm viel Freizeit und Freiraum lässt, zieht er, von Liebeskummer geplagt, ohne um Urlaub zu bitten und ohne große Ankündigung, nach Italien. Er zieht los, obwohl er »eigentlich den rechten Weg nicht wusste« (S. 27). Trotzdem kommt er gut nach Rom und von dort wieder zurück nach Österreich.

Der Taugenichts als Minnesänger

Seit der ersten Begegnung ist »die eine junge schöne Dame« (S. 9), die im Reisewagen saß, Hauptmotiv seines Denkens und Handelns. Ihr singt der Taugenichts Lieder und ihr pflückt er Blumen. Wie ein idealer, nur in der höfischen Literatur des Mittelalters auftretender Minnesänger bemüht er sich um die Dame seines Herzens, ohne mehr zu erwarten als einen frohen, vielleicht dankbaren Blick. Wird die Unerreichbarkeit der schönen Dame allzu sehr bewusst, so hilft nichts als Flucht – »gen Italien hinunter« (S. 27). Aber auch dort glaubt er, »die Stimme der schönen gnädigen Frau« (S. 62) zu vernehmen, sobald er eine weibliche Stimme singen hört.

Seine Wünsche und Erwartungen lenken seine Gedanken so, dass alles, was geschieht, als Zeichen eines künftigen Glücks angesehen wird. So wird der Taugenichts im doppelten Sinn zum Lebenskünstler. Nicht Pflicht und Arbeit bestimmen sein Leben, sondern Phantasie, Freiheit, Musik und Kunst. Sein wichtigstes Attribut ist die Geige, die er streicht, um »fleißig Gott [zu] loben« (S. 51), aber auch um den Leuten zum Tanz aufzuspielen. Jeglichen Lohn verschmäht er. Er weist wie der »Sänger« in Johann Wolfgang Goethes (1749–1832) gleichnamiger Ballade »ein kleines Silberstück« – verächtlich als »Pfennige« bezeichnet – zurück, obwohl er »dazumal kein Geld in der Tasche hatte«, nimmt dagegen eine »Stampe Wein« gern an (S. 32). So folgt er seinem Vorbild:

> Ich singe, wie der Vogel singt,
> Der in den Zweigen wohnet;
> Das Lied, das aus der Kehle dringt,
> Ist Lohn, der reichlich lohnet.
> Doch darf ich bitten, bitt ich eins:
> Lass mir den besten Becher Weins
> In purem Golde reichen.[4]

Wein statt Geld – das heißt nichts anderes, als dass die Bewertungsskala, nach der der Müller seinen Sohn »Taugenichts« nannte, umgedreht wird: Ganz oben

- Lebenskünstler
- Literarischer Bezug zu Goethe
- Die Umwertung der Werte

4 Johann Wolfgang Goethe, »Der Sänger«, in: J. W. G., *Gedenkausgabe der Werke, Briefe und Gespräche,* hrsg. von Ernst Beutler, Bd. 1, Zürich 1950, S. 112.

steht für den Erzähler jetzt der wandernde und singende junge Mann, der in die freie Welt zieht und die zu Hause lässt, die zur »Arbeit hinausziehen« und »graben und pflügen« (S. 5).

Der neue Taugenichts lässt sich nicht mit den Maßstäben der Arbeits- und Erwerbswelt messen. Die Tüchtigkeit der Künstler, so lautet die These, ist anderer Art als die der Bauern, Arbeiter und Beamten. Folgerichtig muss daher die Bezeichnung »Taugenichts« für einen Vertreter dieses Standes und dieser Lebenskonzeption als völlig unangemessen zurückgewiesen werden. Nur voller Ironie übernimmt der selbstbewusste Künstler das Wort zur Selbstcharakterisierung und erwartet von jedem Verständigen, dass er in Gedanken ein »angeblich« davorsetzt. Nach dieser Umwertung der Werte nimmt der einst ausgeschimpfte Taugenichts »die richtige Position« ein, während der Vater »auf der falschen Position«[5] verharrt. Ganz oben stehen jetzt die Künstler, Sänger, Dichter; ganz unten sind die, »die zu Hause liegen« und nur von »Kinderwiegen / Von Sorgen, Last und Not« (S. 6) wissen.

Eine gewisse Verwandtschaft erkennt der Ich-Erzähler zwischen sich und den »Prager Studenten« (S. 83), die – wie er – »in dem großen Bilderbuche« studieren, »das der liebe Gott uns draußen aufgeschlagen hat« (S. 84). Auch sie ziehen musizierend durch die Welt und warten von Tag zu Tag, dass ihnen »ein be-

- Neuer Maßstab = Künstler, Sänger, Dichter

- Lebenskonzeption: Student-Sein

---

5 Otto Eberhardt, *Untersuchungen zum poetischen Verfahren Eichendorffs*, Bd. 4: *Figurae. Rollen und Namen der Personen in Eichendorffs Erzählwerk*, Würzburg 2011, S. 203.

sonderes Glück« (S. 84) begegne. Doch ist für sie das Studentenleben nur ein Zwischenstadium – »eine große Vakanz [...] zwischen der engen düstern Schule und der ernsten Amtsarbeit« (S. 90). Für den Taugenichts ist ›Student-Sein‹ eine Lebenskonzeption, die nicht an äußere Bedingungen geknüpft, sondern eine Sache der inneren Einstellung ist.

Allerdings muss derjenige, der nach dieser Konzeption lebt, durchaus Entbehrungen auf sich nehmen. Auch das Leben des Taugenichts ist nicht durchgehend »wie ein ewiger Sonntag« (S. 5). Er erlebt Tiefpunkte, Herausforderungen und Krisen, fühlt sich ab und zu einsam und hat zwischendurch das Empfinden, »als wäre [er] überall eben zu spät gekommen, als hätte die ganze Welt gar nicht auf [ihn] gerechnet« (S. 22). Wenn er dann am Ende seine geliebte schöne Dame findet und heiratet, so weiß man immer noch nicht, wie sein Leben weitergehen wird und ob er sich die Jugendlichkeit, die Offenheit für die Wunder der Welt und den Optimismus wird bewahren können oder ob auch er zum sogenannten Philister wird.

Aurelie – die »liebe schöne Frau«. Die zweite Hauptfigur der Novelle ist eine junge Frau, deren Namen der Leser, aber auch der Titelheld und der Erzähler erst spät, fast nebenher und unter verwirrenden Umständen kennenlernt. Sie heißt »Aurelie« (S. 55) und wird als Begleiterin der Schlossherrin eingeführt, mit der sie von einer Reise heimkehrt. Diese Aurelie

■ Melancholische Seite

■ Die Begleiterin der Schlossherrin

ist, wie der aufmerksame und im Lesen von Romanen geübte Leser direkt am Anfang merkt, dem sogenannten Taugenichts auf besondere Weise zugeordnet. Die Beziehungsgeschichte zwischen Aurelie und dem Taugenichts beginnt mit der ersten Begegnung der beiden Figuren auf der Landstraße und erreicht ihre Vollendung mit der in Aussicht gestellten »Trauung« (S. 101) auf der letzten Seite des Erzähltextes.

Die erste Begegnung

Eben erst hat der von zu Hause Losgezogene sein Glaubenslied *Wem Gott will rechte Gunst erweisen* (S. 6) gesungen, da erscheint neben ihm »ein köstlicher Reisewagen« und »zwei vornehme Damen« (S. 6) stecken die Köpfe hinaus. Sie haben offensichtlich den Wanderer singen gehört und sind an ihm oder seinem Lied interessiert. Die eine dieser Damen beschreibt der Erzähler als »besonders schön und jünger als die andere« (S. 6) – ein erstes Indiz für die Liebe des Taugenichts!

Das adlige Benehmen

Die Kutsche hält und die ältere der Damen beginnt ein Gespräch mit dem offensichtlich verdutzten Wandersmann. Die Damen beraten sich auf Französisch, also in der gehobenen Sprache des europäischen Adels, die für den Taugenichts unverständlich ist. In Frage scheint zu stehen, ob es mit den Regeln der Gesellschaft in Einklang zu bringen ist, dem singenden Wanderer einen Platz in oder auf der Kutsche anzubieten. Überraschenderweise schüttelt die jüngere der beiden Damen »einige Mal mit dem Kopfe« (S. 6). Die »andere lachte aber […] und rief mir endlich zu: ›Spring Er nur hinten mit auf‹« (S. 6).

Wortführerin und Entscheidungsträgerin ist die ältere der beiden Damen, sie kann sich auch über Konventionen hinwegsetzen. In den besonderen Blick des Taugenichts gerät jedoch die andere, die »besonders schön und jünger« (S. 6) ist. Dabei ist ihr deutlich anzumerken, dass auch sie Sympathie für den jungen Wanderer und seine Lieder hat. Sie handelt wohl eher pflichtgemäß, wenn sie davor warnt, den Taugenichts mit auf die Reise nach Wien zu nehmen. Bald wird man merken, dass sie diesem Taugenichts sehr zugetan ist. Die Beziehungsgeschichte beginnt.

■ Jung, schön, pflichtbewusst

Der Leser wird erst später erfahren, dass die schöne junge Frau, die zunächst Bedenken hat, den Taugenichts zur Mitreise einzuladen, keineswegs adlig ist. Sie wohnt zwar im Schloss, ist aber eine »Waise« (S. 100) und lediglich die Nichte des Portiers. Sie gehört nur als Gesellschafterin und ständige Begleiterin der Gräfin zur Hofgesellschaft. Doch sie spricht französisch, die Sprache des Hofes, und weiß, wie man sich am Hof zu kleiden und zu bewegen hat.

■ Die Herkunft und die Stellung

Für den einst als Taugenichts beschimpften jungen Mann, der dann als Sänger und Wanderer aufgefallen ist und nun eine Stelle als Gärtner im Schlosspark erhält, ist die jüngere der beiden Damen bald »die liebe schöne Frau«, die er heimlich verehrt, die er aus der Ferne beobachtet und der er zuhört, wenn sie »so wundersam über den Garten hinaus« (S. 11) singt, von der Gitarre begleitet. Der kenntnisreiche Leser durchschaut, dass hier jene Situation nachgestellt wird, in der der höfische Ritter der von ihm verehrten Dame

■ Die umworbene Dame

begegnet. Auch der minnende Taugenichts-Gärtner singt alle »Lieder, die [er] nur wusste, bis alle Nachtigallen draußen« (S. 10) erwachen. Er verharrt in stiller Verehrung.

Zu den Hofritualen gehören unter anderem musikalische Darbietungen, Kahnfahrten – und Jagdpartien. An einer solchen Jagdpartie nimmt auch »die schöne gnädige Frau« teil – »in einem grünen Jagdhabit und mit nickenden Federn auf dem Hute« (S. 17). Das Bild beeindruckt den Gärtner: »Ich war wie betrunken vor Angst, Herzklopfen und großer Freude« (S. 18). Die Begegnung hat Folgen: »Seit diesem Abend hatte ich weder Ruh noch Rast mehr« (S. 18). Ganz offensichtlich ist der Gärtner in Liebe entflammt. Die junge Frau, die auf ihn »wie ein Engelsbild« (S. 9) wirkt, weckt Liebesgefühle, die ihm »durch Leib und Seele« (S. 13) gingen. Und als er sich die Aussichtslosigkeit seines Begehrens vor Augen hält, flieht er nach Italien.

»[E]in Engelsbild«

Die vermeintlich »schöne gnädige Frau« (S. 17) ist für den seiner Lieder wegen in den Hofkreis aufgenommenen Müllerssohn einerseits ein aus der Ferne verehrtes Idol – in der Art einer jungfräulichen Ikone mit einer »Lilie« (S. 12) in der Hand, die er mit der Erscheinung der Gottesmutter Maria vergleicht; andererseits ist sie auch eine begehrte junge Frau, die beim Taugenichts Herzklopfen auslöst. Auf der anderen Seite hält auch die »schöne junge Frau« die »Augen niedergeschlagen« (S. 14), wenn sie besungen wird. Längst ist das Gesellschaftsspiel zum Liebesspiel geworden, das nicht von Konventionen bestimmt wird, sondern von

Die jungfräuliche Ikone

Gesellschaftsspiel, Liebesspiel

den natürlichen Regungen zweier junger Menschen, die füreinander bestimmt zu sein scheinen.

Wie der Titelheld der Erzählung, also der Taugenichts, namenlos bleibt, so bleiben auch der Name und die Lebensgeschichte der jungen Frau zunächst unerwähnt. Von dem Taugenichts ist längst bekannt, dass er als Sänger, Dichter und Wanderer durch die Welt gehen will. In dieser Rolle hat er die Sympathie der beiden Damen gewonnen. Sehr bald merkt der Leser, dass jene jüngere der beiden Damen »Impuls und Maßstab für sein Dichten gibt«, dass sie »die passende Geliebte«, dass sie »anders gesagt [...] seine Muse«[6] wird.

■ Die Muse

Ausgangspunkt der Beziehung zwischen dem Taugenichts und Aurelie sind die Lieder und der Gesang, in denen beide sich treffen. Das geschieht zum ersten Mal, als die beiden Damen den Taugenichts sein Lied *Wem Gott will rechte Gunst erweisen* singen hören. Später sieht der angestellte Gärtner, wie »die schöne Frau mit der Gitarre oder einem Buche in der Ferne wirklich durch den Garten zog, so still, groß und freundlich wie ein Engelsbild« (S. 9). Daraufhin singt er – »für [s]ich hin«:

■ Die Musik als Basis der Beziehung

Wohin ich geh und schaue,
In Feld und Wald und Tal
Vom Berg ins Himmelsblaue,
Viel schöne gnäd'ge Fraue,
Grüß ich dich tausendmal. (S. 9)

6 Eberhardt (s. Anm. 5), Bd. 1: *Eichendorffs »Taugenichts«. Quellen und Bedeutungshintergrund*, Würzburg 2000, S. 88.

Dass diese besungene »gnäd'ge Fraue« weder gnädig, noch adlig ist und »Aurelie« heißt, erfahren Erzähler und Leser erst spät und nur an einer einzigen Stelle der Erzählung, nämlich in dem Brief, den Aurelie an Flora schreibt (S. 55).

Der ehrwürdige Name

Der Name Aurelie ist in Österreich nicht unüblich. Er kann als Ableitung vom lateinischen Substantiv *aurum* = ›Gold‹ gedeutet und mit ›die Goldene‹ oder ›die Schimmernde‹ übersetzt werden. Eine weitere Erklärung bringt den Namen in Beziehung zu dem lateinischen Wort *aurora*, das ›die Morgenröte‹ bedeutet.[7] In jedem Fall ist eine Tendenz zur Erhabenheit angedeutet.

Schemenhafte Idealisierung

Ebenso wie der Taugenichts nicht als Person oder Individuum vorgestellt wird, sondern als Figur und damit als erdichtete Gestalt, ist auch Aurelie, die zunächst als »liebe schöne gnädige Frau« (S. 23) eingeführt wird, dann aber als Muse dem wahren Dichter und Sänger dient, nicht Individuum, sondern Figur. In dieser Figur sind sowohl die märchenhaften Züge einer Heiligen als auch die verlockenden Züge einer liebenden jungen Frau enthalten. Zu fragen ist, ob

Jungfrau Maria oder heidnische Venus?

diese Aurelie anbetungswürdig wie die Jungfrau Maria ist oder ob sie – wie das vom Autor oft beschworene Gegenbild der heidnischen Göttin Venus (z. B. S. 61) – für Verwirrung und Untergang sorgt.

---

7 Eberhardt (s. Anm. 6), S. 86.

Die männlichen Nebenfiguren

Auf seinem Weg durch die Welt – immerhin von Österreich durch Italien bis Rom und zurück – begegnet der Taugenichts vielen Menschen; doch haben sie – außer Aurelie – kaum Einfluss auf sein Tun und Lassen; oft verkennt er sogar ihre Funktion und wahre Identität.

Der Müller, des Taugenichts Vater, bildet über den normalen Vater-Sohn- und Generationenkonflikt hinaus durch seine anders geartete Lebenskonzeption einen Gegensatz zur Titelfigur. Mit seiner »Schlafmütze […] auf dem Kopfe« (S. 5) und der Schimpfrede am frühen Morgen über seinen untüchtigen Sohn ist er das Beispiel »eines Musterphilisters«[8], also eines engstirnigen Spießbürgers ohne Interesse an Kunst und Literatur, wie ihn Clemens Brentano dargestellt hat und wie ihn die Romantiker verachten.

■ Die Philister

Einer weiteren Ausprägung dieses Typs begegnet der Taugenichts auf dem Schloss: Hier ist es der **Portier**, der sich nach Philisterart seine »Pfeife« (S. 17) ausklopft und so regelmäßig wie mechanisch »wie der Perpendikel einer Turmuhr in der Halle auf und ab wandelte« (S. 8). Er kritisiert auch, dass der Taugenichts den Nutzgarten durch einen reinen Blumen-

8 Clemens Brentano, »Der Philister vor, in und nach der Geschichte«, in: *Die deutsche Literatur. Texte und Zeugnisse,* hrsg. von Hans-Egon Hass, Bd. V.2: *Sturm und Drang. Klassik, Romantik,* hrsg. von Walther Killy, München 1966, S. 1394–1398, hier S. 1394.

garten ersetzt. Anfangs findet der Taugenichts den »Tabaksschnupfen, die große Nase« des Portiers »abscheulich« (S. 17). Trotzdem freunden sich die beiden unterschiedlichen Charaktere an – denn der Taugenichts gerät selbst in das Fahrwasser des Philistertums. So berichtet er, dass er »Schlafrock und Schlafmütze« von seinem Vorgänger übernommen habe und »Tabak aus dem längsten Rohre« (S. 15) rauche, das er im Zollhaus gefunden habe.

Auch sein **Nachfolger im Amt** des Zolleinnehmers – »ein alter, langer Einnehmer« – ist von der gleichen spießbürgerlichen Art: Er trägt den »punktierten Schlafrock« weiter auf, hat gewöhnlich eine »Brille« auf der Nase und sieht »grimmig« drein (S. 92).

Zum Schlosspersonal gehört auch der **Gärtner**, der seinen Aufgabenbereich genau absteckt und sich nicht gern ablenken lässt. Er hält dem Taugenichts eine »Predigt« und empfiehlt ihm, »nur fein nüchtern und arbeitsam« zu sein; dann könne er es »auch einmal zu was Rechtem bringen« (S. 8).

Einem **Bauern**, der seinem Vater, dem Müller, gleicht, begegnet der Taugenichts auf dem Weg nach Italien. Er fällt zunächst durch Unfreundlichkeit auf (S. 28); später aber schimpft er, dass der Taugenichts »das schöne Gras« zertrampele, »anstatt in die Kirche zu gehen« und nennt ihn einen »Faulenzer« (S. 29).

■ Die Studenten

Ein Gegenbild zu diesen Philistern bilden die **»Prager Studenten«** (S. 83), die in den Semesterferien auf gut Glück mit ihren Instrumenten durch die Welt ziehen, statt »ihre Kompendien [zu] repetieren« (S. 84). Sie verwenden Fremdwörter und lateinische Phrasen und zeigen damit ihre Wissbegierde.

Auch »der geistliche Herr« (S. 88) erinnert sich gern an die Studentenzeit, die insgesamt »eigentlich [...] eine große Vakanz [Freisein]« sei. Auch er sei »über Berge und Täler gezogen«, sei »oft hungrig und durstig, aber immer fröhlich gewesen« (S. 90).

Allerdings zeichnet Eichendorff ein romantisiertes und idealisiertes Bild der Studenten, das die Politisierung und zunehmende revolutionäre Gesinnung der Studierendenschaft um 1820 außer Acht lässt.

In der Lebensart kommen die Künstler den Studenten am nächsten. Als sich der junge Taugenichts seinem **Landsmann** in Rom etwas genauer vorstellt und erklärt, dass er herumreise, »um die Welt zu sehn«, sagt dieser: »da haben wir ja ein Metier. Das tu ich eben auch, um die Welt zu sehn, und hinterdrein abzumalen« (S. 64). Schnell entsteht eine freundschaftliche Beziehung.

■ Künstler verschiedener Art

Komplizierter ist das Verhältnis zu Herrn **Eckbrecht**, einem weiteren Maler in Rom. Die Klassifizierung als »vazierendes [umherziehendes] Genie« (S. 76), mit der Eckbrecht den Taugenichts vereinnahmen will, gefällt diesem gar nicht. Ihm graut vor diesem Eckbrecht »und seinem wilden Gerede« (S. 76). Künstler ist eben nicht gleich Künstler.

Dagegen ist der Taugenichts erleichtert, als sich die beiden Reiter, die er schon für Räuber gehalten hatte, als »Maler Leonhard« und »Maler Guido« (S. 38) vorstellen. Er nimmt ihre Aussage hin, tritt in ihre Dienste und merkt erst sehr viel später, dass sich hinter der Verkleidung ein **Graf** und das **Fräulein Flora**, die Tochter seiner Gräfin, verbergen.

■ Der Graf

Dieser **Graf**, obwohl nur Nebenfigur, wird deutlich als Standesperson herausgestellt. Er besitzt mehrere Schlösser und erobert seine deutlich jüngere Braut im Wettstreit mit dem Nebenbuhler. Er ist »groß, schlank, braun mit lustigen feurigen Augen« (S. 38) und verhält sich seiner Dienerschaft gegenüber wohlwollend und »sehr gewogen« (S. 100); auch bei Aurelie und dem Taugenichts beweist er seine Großzügigkeit, indem er ihnen ein »Schlösschen« (S. 100) schenkt.

Ein ähnliches, aber knapperes Bild erhält man von dem **Sohn der Gräfin**, also dem Bruder von Fräulein Flora, wenn dieser dafür sorgt, dass Aurelie, die Nichte des Portiers, an ihrem Geburtstag ein »Vivat« (S. 24) bekommt.

Als weitere Statisten haben die Verfolger des Grafen, die Bediensteten auf den Schlössern und die Musiker in Rom kurze Auftritte, gewinnen für die Gesamthandlung aber keine Bedeutung.

Die weiblichen Nebenfiguren

Flora, deren Name auf die römische Göttin der Blumen anspielt, verkörpert einerseits das Idealbild einer jungen, adligen Dame – und andererseits das Gegenbild zu Aurelie, der »schönen lieben Frau«. Flora fordert die an sie gerichteten Erwartungen ihres Standes heraus: Durch ihre Locken, die ihr »ins Gesicht flogen« (S. 94), bereits als ungezähmt charakterisiert, offenbart sich ihre ganze Furchtlosigkeit in der gemeinsamen Flucht mit dem Grafen. Hier schlüpft sie in die Rolle eines Mannes und nächtigt, entgegen aller Prinzipien der Sittlichkeit, mit ihrem Geliebten in einem Zimmer. Mit ihrer Flucht demonstriert Flora, dass sie die zeitgemäßen Auffassungen von der Ehe nicht teilt: Statt einen Mann zu heiraten, den ihre Mutter aus rationalen Gründen für sie ausgesucht hat, möchte Flora aus Liebe Hochzeit feiern.

■ Die Tochter der Gräfin

Mehr als dem Leser zunächst bewusst ist, hat die **Gräfin** auf dem Schloss in der Nähe von Wien die Fäden in der Hand. Sie ist Schlossherrin und Familienoberhaupt; sie versucht den Lebensweg ihrer Kinder zu bestimmen, sie hat die Hofgesellschaft im Blick; sie arrangiert Feste und sorgt, dass sie gelingen. Aus einer Laune heraus lädt sie den Taugenichts zur Mitfahrt ein und stellt ihn etwas später als Gärtnerburschen an. Der Taugenichts vergleicht sie mit einer »Tulipane«; denn: »Sie war wahrhaftig recht schön rot und dick und gar prächtig […] anzusehn« (S. 11). Er begegnet ihr höflich und ehrerbietig; dafür dankt sie

■ Die Gräfin auf dem Schloss

ihm und ist ihrerseits »ganz außerordentlich höflich«
(S. 11).

Die Gräfin
in Rom

Ein Gegenbild zu dieser edlen Frau gibt jene **Gräfin
in Rom** ab, die mittels eines Zettels den Taugenichts
herbeilockt. Dieser erkennt noch früh genug, dass
nicht seine »schöne junge Gräfin« (S. 74) Absender der
Botschaft ist, sondern »eine etwas große korpulente,
mächtige Dame mit einer stolzen Adlernase und hoch-
gewölbten schwarzen Augenbrauen, so recht zum Er-
schrecken schön« (S. 79). Glücklicherweise kann der
Geladene der majestätischen Dame entkommen.

Das ist keineswegs im Sinne der Kammerjungfer

Rosette

namens **Rosette** (S. 23), die zunächst ihren Dienst im
Schloss bei Wien versah, dann die Gräfin nach Rom
begleitete und hier offensichtlich die Herrschaft
wechselte. Sie durchschaut das Leben am Hof, ist für
kleine Intrigen zu gewinnen und weiß sich Vorteile
zu verschaffen. Sie erkennt und verspottet die Naivität des Taugenichts (S. 20) und wundert sich, dass er
die Chancen, die er bei der römischen Gräfin hätte,
nicht nutzt: »[…] du trittst dein Glück ordentlich mit
Füßen« (S. 79).

Die neue
Kammer-
jungfer

Als positive Gegenfigur zu diesem Typ Kammerjungfer wird jenes **junge hübsche Mädchen** (S. 86)
in Aussicht gestellt, das zugleich mit den Studenten,
dem Geistlichen und dem Taugenichts per Schiff zum
Schloss fährt, um sich dort als »neue Kammerjungfer«
(S. 92) vorzustellen. Sie hat »die Haare sehr sauber ge-
scheitelt« (S. 87), sitzt »ganz still für sich« (S. 86) und
schlägt »jedesmal die Augen nieder« (S. 87), sobald

sich einer der Studenten nähert. Sie kommt in ihrer Art Aurelie, der Angebeteten des Taugenichts, sehr nahe.

Sehr viel weniger schätzt der Erzähler das Verhalten von jenem verführerischen **Mädchen im Dorf** mit den »perlweißen Zähnen«, »roten Lippen« (S. 32) und funkelnden Augen, das ihn am Anfang der italienischen Reise zuerst mit einer »Rose« (S. 32), dann mit einem gezielten Angebot – »Er könnte sich hier ein gutes Stück Geld verdienen« (S. 33) – für sich gewinnen wollte. Auch hier hätte der Taugenichts sein »Glück machen« (S. 34) können – in der Art, wie die Kammerfrau Glück versteht.

■ Das Mädchen im Dorf

Er aber hofft gegen alle Vernunft, dass er sein Glück bei jener jungen Frau finden werde, die er bis zum Schluss für eine Gräfin hält, die er liebt und in der er das Ideal einer jungen Frau sieht, auch wenn sie, wie er am Schluss erfährt, nicht hochwohlgeboren ist.

4. Form und literarische Technik

Die Struktur der Geschichte

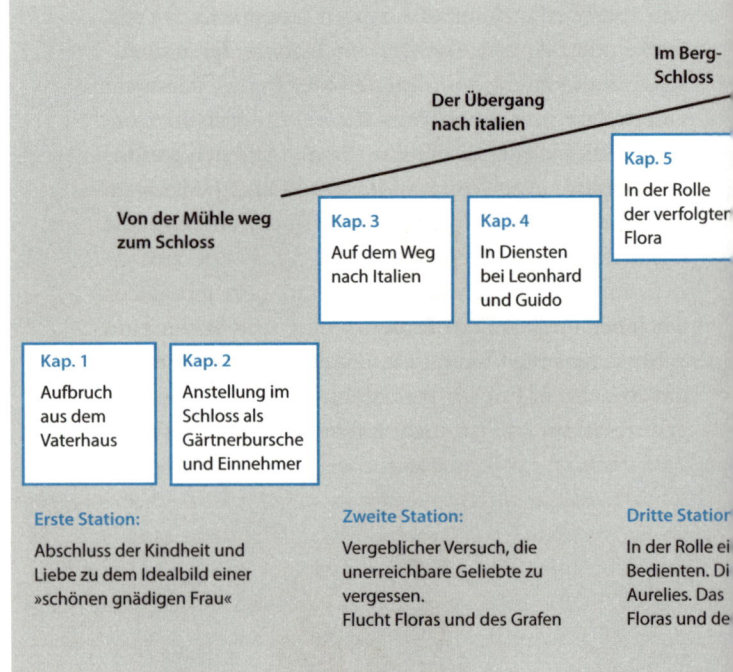

Abb. 2: Die Struktur der Geschichte

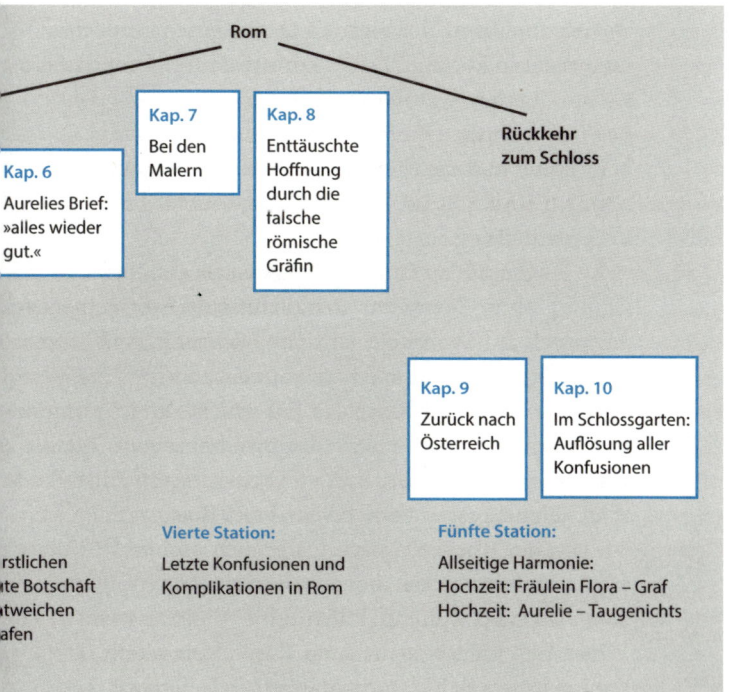

Rom

Kap. 6

Aurelies Brief:
»alles wieder
gut.«

Kap. 7

Bei den
Malern

Kap. 8

Enttäuschte
Hoffnung
durch die
falsche
römische
Gräfin

**Rückkehr
zum Schloss**

Kap. 9

Zurück nach
Österreich

Kap. 10

Im Schlossgarten:
Auflösung aller
Konfusionen

rstlichen
te Botschaft
tweichen
afen

Vierte Station:

Letzte Konfusionen und
Komplikationen in Rom

Fünfte Station:

Allseitige Harmonie:
Hochzeit: Fräulein Flora – Graf
Hochzeit: Aurelie – Taugenichts

41

Schon der Untertitel *Aus dem Leben eines Taugenichts* lässt erkennen, dass sich der Leser formal auf den Texttyp der Biographie einstellen soll. Wenn sich dann im ersten Satz ein Ich-Erzähler vorstellt, so wird man den Text genauer als Autobiographie, das heißt als ›Beschreibung der eigenen Lebensgeschichte‹ charakterisieren können. Dabei könnte der erfahrene Leser an Goethes Autobiographie *Dichtung und Wahrheit* (1833) denken, deren Untertitel »Aus meinem Leben« lautet und die eben auch einen Lebensabschnitt – nämlich Kindheit und Jugend – und nicht das ganze Leben umfasst.

Im Gegensatz zu Goethes Werk ist Eichendorffs Erzählung ohne Bezug zur Wirklichkeit, erhebt keinen Anspruch auf Wahrheit, ist reine Dichtung, ganz fiktional. Die Handlung spitzt sich auf ein zentrales Ereignis zu, während die Reise des Taugenichts kreisförmig angeordnet ist: Der Erzähler beginnt bei seinem Auszug von zu Hause, berichtet von seiner ersten Anstellung, seinem ersten Verliebtsein, einer Reise nach Italien, von der Rückkehr nach Österreich und endet mit seiner Verlobung, der bevorstehenden Hochzeit und dem Plan einer weiteren Italienreise – dann zu zweit.

Die Geschichte ist in zehn Kapitel eingeteilt. Die Kapitel lassen sich als Stationen eines Lebenswegs begreifen, der entweder mit Kategorien der Geographie als eine Folge von Ortswechseln zu beschreiben ist oder – entwicklungspsychologisch – als Stufen einer Individualgeschichte (Liebe auf den ersten Blick, Werbung, Verlobung) oder – dramaturgisch – als Ak-

■ Fiktionale Autobiographie

■ Zielführende Handlung

■ Fünf Stationen eines Lebenswegs

te einer Komödie, in der sich die Liebenden nach zahlreichen Missverständnissen und Verwechslungen endlich finden.

Die **erste Station** (Kapitel 1 und 2) ist durch den Aufbruch des Erzähl- und Handlungs-Ichs von zu Hause, durch seine Anstellung auf dem gräflichen Schloss in der Nähe von Wien und seine zunächst noch geheim bleibende Liebe zu der »schönen gnädigen Frau« (S. 28) bestimmt.

Die **zweite Station** (Kapitel 3 und 4) ist direkte Folge eines Missverständnisses: Als der liebende junge Mann von der vermeintlichen Unerreichbarkeit seiner Geliebten überzeugt ist, flieht er »weit über die höchsten Berge fort« (S. 27) nach Italien. Von zwei Reitern wird er als der »Einnehmer vom Schloss« (S. 37) erkannt, ohne dass er merkt, dass diese Reiter das verkleidete Fräulein Flora, also die Tochter seiner gräflichen Herrschaft, und deren Liebhaber, der Graf aus der heimatlichen Nachbarschaft, sind.

Auf der **dritten Station** seines Lebenswegs (Kapitel 5 und 6) nimmt der Taugenichts, ohne es zu wissen, die Rolle von Fräulein Flora an und wird von den Verwaltern der Fluchtburg in Italien für diese gehalten, welche aber nie das ausgesuchte Fluchtziel erreicht hat. Er erhält auch die Post, die für die gräfliche Tochter bestimmt ist, also von Aurelie abgesandt wurde, und bezieht den Brief auf sich. In diesem Fall ist das Missverständnis jedoch ein fruchtbares; denn auch der Taugenichts wird von Aurelie sehnlichst erwartet. Also: Eine nicht leicht zu durchschauende Geschichte mit ziemlich märchenhaften Zügen.

Der Weg nach Hause – die **vierte Station** (Kapitel 7 und 8) – führt über Rom. Beinahe hätte der Taugenichts dort noch die Gräfin und Aurelie als deren Begleiterin getroffen, die offensichtlich Fräulein Flora nach Hause holen wollten. Doch sie sind schon abgereist. Nur die Kammerjungfer ist geblieben. Sie und die falsche Gräfin sind Grund genug, schnell wieder die Flucht zu ergreifen und »dem falschen Italien [...] den Rücken zu kehren« (S. 80).

Die **fünfte Station** (Kapitel 9 und 10) bedeutet das Ende aller Schwierigkeiten, die Auflösung aller Konfusionen und Komplikationen und die glückliche Vereinigung der Liebenden. Mit dem Schiff erreicht der Taugenichts das Schloss an der Donau, wo er im Garten den Grafen Leonhard und Fräulein Flora, vor allem aber Aurelie, die er weiterhin für »die schöne gnädige Frau« (S. 93) hält, antrifft. Erst als alle Missverständnissse aufgehoben und die Standesverhältnisse geklärt sind, können die Beteiligten ganz normal heiraten und sich lieben »wie die Kaninchen« (S. 95).

■ Roman-
haftes

Die Grundstruktur ist thematisch ausgefüllt mit Elementen des Liebes-, des Abenteuer-, des Entwicklungs- und des Bildungsromans. Heiter und unterhaltsam wirkt das Erzählte, weil der Leser jeder Zeit an ein gutes Ende glaubt und weil man die gelegentlichen Missverständnisse und Misshelligkeiten des Taugenichts höchstens als letzten Endes belanglos und komisch einzuschätzen weiß.

Textsorte, Gattung, Epoche

■ Ent-
stehungs-
geschichte

Über die Entstehungszeit des *Taugenichts* ist wenig bekannt. Man nimmt an, dass der Autor Eichendorff bereits 1817, als er mit seiner Familie in Breslau lebte, mit ersten Plänen und Entwürfen beschäftigt war. Von Freunden wurde er ermuntert, einen Teil seiner Arbeit in der Berliner Zeitschrift *Der Gesellschafter oder Blätter für Herz und Geist* von Januar bis Mai 1826 zu veröffentlichen. Es handelte sich dabei um die ersten beiden Kapitel der späteren Novelle. Dieser Teildruck erschien unter dem Titel *Ein Kapitel aus dem Leben eines Taugenichts*. Eine später verworfene Zusatzerklärung, die handschriftlich erhalten ist, lautete »Der neue Troubadour« und sollte wohl auf die Intention des Textes aufmerksam machen.

Mit dem Hinweis auf die Figur des Troubadours erinnert der Autor an eine Erscheinung des europäischen Mittelalters und an eine besondere Konkretisierung des Minnedienstes und der Minnelyrik: Die ursprünglichen Troubadoure sind Minnesänger der Provence, ursprünglich fahrende Ritter, aus dem niederen Adel stammend, die ihre Gedichte und Lieder selbst verfassten und vortrugen und die als Gegenleistung nichts als das Lob und die Anerkennung der von ihnen verehrten Dame erwarteten. Die Troubadourdichtung entstand ab dem 11. Jahrhundert in Frankreich, verbreitete sich über Spanien, Italien und die deutschsprachigen Länder und brachte Lieder unterschiedlicher Form und Thematik hervor. In Deutschland versuchten unter anderem Clemens Brentano (1778–1842) und Achim von Arnim (1781–1831) mit ihrer Liedsammlung *Des Knaben Wunderhorn* (erschienen zwischen 1805 und 1808) die vergessene Kultur zu reaktivieren. Einer der Verehrer von Clemens Brentano war Joseph von Eichendorff.

■ Troubadourdichtung

Die vollständige Geschichte des *Taugenichts* erschien schließlich 1826 in dem Sammelband *Aus dem Leben eines Taugenichts und das Marmorbild* – mit dem Zusatz: »Zwei Novellen nebst einem Anhange von Liedern und Romanzen von Joseph Freiherrn von

■ Die Gattungsfrage

Eichendorff«. Damit scheint die Festlegung der Geschichte auf die Art- oder Gattungsbezeichnung »Novelle« zunächst eindeutig.

Literarische Gattungs- und Artbegriffe haben die Aufgabe, eine gewisse Ordnung in die Mannigfaltigkeit der Literatur zu bringen und dem Leser des einzelnen Werks eine Vorinformation über das zu geben, was ihn erwartet. Sie können helfen, den Blick für das Individuelle des einzelnen Textes zu schärfen und gleichzeitig zu erkennen, was er mit anderen gemeinsam hat. Es zeigt sich jedoch, dass solche Klassifizierungen selten unumstritten sind – so ist auch die Art- und Gattungszuordnung beim *Taugenichts* nicht eindeutig.

Epik

Die Geschichte vom Taugenichts wird von einem fiktiven Ich-Erzähler dargeboten, der aus dem Rückblick über eine wichtige Epoche seines Lebens in der Art einer Biographie – nämlich in Prosaform – berichtet, ohne dass klar wird, für wen er das tut. Alle diese Merkmale rechtfertigen, das Werk der Epik zuzuordnen, obwohl die eingestreuten Lieder der Lyrik angehören und obwohl die Struktur der Erzählung Züge eines Dramas aufweist.

Roman?

Am Ende der abenteuerlichen Reise wird dem Taugenichts bedeutet, dass er in einem »Roman« »mitgespielt« (S. 97) habe. Das könnte zu dem Schluss verleiten, die erzählte Geschichte für einen Abenteuer-, einen Entwicklungs- oder einen Liebesroman zu halten. Eine Reihe von Motiven – Flucht von zu Hause, Verkleidungen und Verwechslungen, Missverständ-

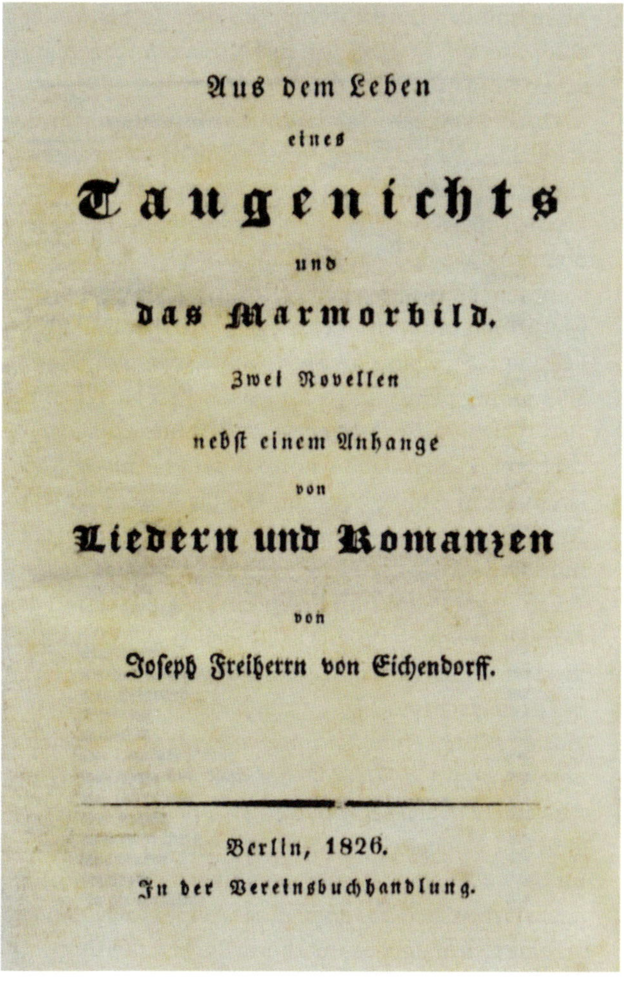

Aus dem Leben

eines

Taugenichts

und

Das Marmorbild,

Zwei Novellen

nebst einem Anhange

von

Liedern und Romanzen

von

Joseph Freiherrn von Eichendorff.

———————————

Berlin, 1826.

In der Vereinsbuchhandlung.

Abb. 3: Titel des Erstdrucks 1826. – Wikipedia: © Foto H.- P. Haack

nisse und deren Auflösung, Reisen in ferne Länder – sind wie im *Taugenichts* auch in anderen romantischen Romanen zu finden.

■ Novelle?

Doch mehr spricht dafür, die Typenbezeichnung »Novelle«, die der Autor selbst bei der Erstveröffentlichung angebracht hat, zu übernehmen. Das vom Italienischen abgeleitete Wort *novella* kann mit ›Neuigkeit‹ übersetzt werden. In der Literaturwissenschaft versteht man unter Novellen epische Texte mittlerer Länge, die vornehmlich in Prosa geschrieben sind. Einige der ursprünglichen Novellen haben einen Umfang von kaum einer Seite, einige der klassischen Novellen beanspruchen mehr als hundert Seiten. Ansätze novellistischen Erzählens sind schon aus der griechischen und lateinischen Antike bekannt. Die bis heute nachweisbare Tradition beginnt dann mit dem *Dekameron* (vermutlich verfasst zwischen 1349 und 1353) des italienischen Autors Giovanni Boccaccio (1313–1375) und den *Novelas ejemplares* (verfasst zwischen 1590 und 1612) des Spaniers Miguel de Cervantes (1547–1616).

Für deutschsprachige Autoren löste Goethes Novellensammlung *Unterhaltungen deutscher Ausgewanderten* (1795) eine neue Phase der Überlegungen aus, was eine Novelle sei. Goethes knappe Erklärung, vorgebracht in einem Gespräch mit Johann Peter Eckermann, ist Ausgangspunkt unendlich vieler Erörterungen: »Denn«, heißt es dort, »was ist eine Novelle anders als eine sich ereignete, unerhörte Begebenheit?«[9]

---

9 Goethe am »Donnerstagabend den 25. Januar 1827«, in: Johann Peter Eckermann, *Gespräche mit Goethe in den letzten*

Goethes Satz hat jedoch keineswegs kanonische Geltung. Romantiker wie Friedrich Schlegel (1772–1829) und Ludwig Tieck (1773–1853) haben unter Hinweis auf die Novellen Boccaccios und Cervantes' eigene Merkmalbeschreibungen für das vorgelegt, was eine Novelle ausmacht. So hält Schlegel die »Novelle« für »sehr geeignet, eine subjektive Stimmung und Ansicht […] indirekt und gleichsam sinnbildlich darzustellen«[10]. Ludwig Tieck sagt über die Novelle: »Bizarr, eigensinnig, phantastisch, leicht witzig, geschwätzig und sich ganz in Darstellung auch von Nebensachen verlierend, tragisch wie komisch, tiefsinnig und neckisch, alle diese Farben und Charaktere lässt die echte Novelle zu, nur wird sie immer jenen sonderbaren auffallenden Wendepunkt haben, der sie von allen anderen Gattungen der Erzählung unterscheidet.«[11] Vieles von dem wird man in Eichendorffs Novelle finden. In der Umkehr des Taugenichts in Rom den Wendepunkt der ganzen Geschichte zu erkennen, dürfte nicht schwer sein.

■ Subjektiv, bizarr, witzig …

■ Wendepunkt

Und doch ist gefragt worden, ob der Text von Eichendorff nicht viel mehr reines Phantasieprodukt

Jahren seines Lebens, hrsg. von Otto Schönberger, Stuttgart 1994, S. 231–236, hier S. 234.

10 Friedrich Schlegel, »Nachricht von den poetischen Werken des Johannes Boccaccio« (1802), in: *Wege der Forschung*, Bd. LV: *Novelle*, hrsg. von Josef Kunz, 2., verb. Aufl., Darmstadt 1973, S. 39–43, hier S. 40.

11 Ludwig Tieck, »Schriften, Bd. 11 (1829), Vorbericht zur dritten Lieferung«, in: *Wege der Forschung* (s. Anm. 10), S. 52–55, hier S. 53.

■ Glücksmär-
chen?

als gestaltete Begebenheit sei, also mehr Märchen als Geschichte. An Kompromissformeln wurde vorgeschlagen, den *Taugenichts* »novellistische Erzählung in Gestalt eines Glücksmärchens« zu nennen, oder »ein Glücksmärchen in der Gestalt einer novellistischen Erzählung«[12], oder – kürzer – »Märchennovelle«[13]. Verbindlich sind auch diese Formeln nicht; aber sie können zur Diskussion anregen.

■ Epoche:
Romantik

Literaturwissenschaftler haben von jeher die Werke des Joseph von Eichendorff und vor allem seine Erzählung *Aus dem Leben eines Taugenichts* der Literaturepoche der Romantik zugeordnet. Das mag den überraschen, der eine Charakterisierung des Autors aus der Betrachtung des Lebens- und Berufswegs ableitet: Eichendorff war treusorgender Familienvater und mittlerer und höherer Beamter in preußischen Diensten. Als Dichter, Autor und gläubiger Mensch darf er jedoch der Romantik zugeordnet werden, auch wenn man berücksichtigen muss, dass unter den Begriff »Romantik« viel Widersprüchliches zusammengefasst wird.

■ Begriffser-
läuterung

Von dem englischen Ausdruck *romantic* entlehnt, wurde der deutsche Begriff ›romantisch‹ im 18. Jahr-

12 Benno von Wiese, *Die deutsche Novelle von Goethe bis Kafka. Interpretationen,* Düsseldorf 1956, S. 96.
13 Alexander von Bormann, »Joseph von Eichendorff: *Aus dem Leben eines Taugenichts*«, in: *Interpretationen: Erzählungen und Novellen des 19. Jahrhunderts,* Bd. 1, Stuttgart 1988, S. 343.

hundert zunächst im Sinne von ›romanhaft, abenteuerlich, phantastisch‹ gebraucht. In Deutschland charakterisiert die Bezeichnung »Romantik« eine geistige, künstlerische, literarische, später auch politische Strömung, die sich um 1800 als Gegenbewegung zur Aufklärung und in Konkurrenz zur Klassik entwickelte. Sie war gekennzeichnet durch eine starke Subjektivität, und eine besondere Betonung des Gefühls und der Phantasie. Sie misstraute den Vorgaben der Zivilisation und empfahl, sich an den Gegebenheiten der Natur zu orientieren.

Schauplätze

Der Autor Eichendorff erzählt die Geschichte eines jungen Menschen, der die Welt kennenlernen will, der sich dabei verliebt und dem das Glück auch in schwierigen Situationen zur Seite steht. Der unbefangene Leser sieht in der Titelfigur des Taugenichts folglich ein Glückskind. Aus seinem Vaterhaus verwiesen, verlässt er die dörfliche Enge und macht sich auf den Weg in die weite Welt. Er ignoriert oder bewältigt kleinere Schwierigkeiten und wird von einer höheren Kraft dorthin gelenkt, wo »alles, alles gut« ist (S. 101). Eine solche Geschichte erinnert an jene Märchen, die vom Aufbruch junger Menschen aus der heimischen Welt, von bestandenen Abenteuern und von einem endlich erreichten glücklichen Zustand des stets positiv gestimmten Helden handeln.

■ Vom Glück bestimmte Reise

Abb. 4: *Schloss Lubowitz 1788*, angefertigt von Alfred Jahn und Willibald Köhler im Auftrag der deutschen Eichendorff-Stiftung, 1940. – Wikipedia / CC BY-SA 4.0

■ Reise als Schwellenerfahrung

Eichendorffs Taugenichts erwandert sich seine Welt. Dem widerspricht nicht, dass er sich ab und zu auf einer Kutsche mitnehmen lässt, dass er einige Strecken reitend bewältigt und dass er schließlich seine Heimat per Schiff erreicht. Wandern ist für ihn nicht eine Art der Fortbewegung, Wandern ist für ihn

Abb. 5: Ruine des Schlosses Lubowitz mit Porträt und Zitat des Dichters Joseph von Eichendorff. – Wikipedia / Fotograf: Klaudiusz Tobiasz / CC BY-SA 3.0

eine Lebensform. Wandern bedingt für ihn die Möglichkeit, die Welt kennenzulernen und die Güte Gottes an sich zu erfahren. Indem der Taugenichts immer weiterzieht, befindet er sich außerdem permanent im Übergang von einem Ort zum nächsten; er kommt niemals endgültig an einer Stelle an.

■ Der Wanderer

Aus der Sicht damaliger Verhältnisse betrachtet, ist der Taugenichts sehr weit in der Welt herumgekommen. Seine Reise beginnt in dem Augenblick, als er von seinem Zuhause loszieht und buchstäblich auf der Straße steht. Er verlässt sein deutsches Heimatdorf, in dem man ein Abbild eines schlesischen Dorfes sehen mag, und erreicht, vom Reisewagen der edlen Damen mitgenommen, noch am gleichen Abend jenes Schloss in unmittelbarer Nähe von Wien, in dem er zunächst als Gärtner, dann als Zolleinnehmer eine Anstellung findet. Als Vorbild für dieses Schloss kann entweder das Schloss Lubowitz, auf dem Eichendorff geboren wurde und aufgewachsen ist, oder das von ihm häufiger besuchte Schloss Seebarn in der Nähe von Wien gedeutet werden.[14]

Die äußeren Lebensbedingungen und ein innerer Impuls treiben ihn dann »gen Italien« (S. 27). In Rom besteht er einige Herausforderungen, bis er erfährt, dass sich im Schloss zu Wien einiges zu seinen Gunsten geändert hat. Sofort tritt er die Rückreise an. Wenig später sieht er vom Schiff aus die Silhouette der Donaumetropole. Es folgt ein freudiges Wiedersehen mit Aurelie im Schloss.

Inhaltlich ist der *Taugenichts* kein Reisebericht, auch keine politische oder historische Abhandlung. Von Wien, dem Zentrum des Habsburgerreichs, erfährt der Leser nichts. Rom, der Mittelpunkt der katholischen Welt, bleibt konturlos. Der Leser merkt, dass der Autor Rom nie mit eigenen Augen gesehen hat, und ist verwundert, dass der Taugenichts für

---

14 Wolfgang Frühwald / Franz Heiduk (Hrsg.), *Joseph von Eichendorff. Leben und Werk in Texten und Bildern*, Frankfurt a. M 1988, S. 103.

Reisebeginn: Verlassen der Heimat

Wiener Schloss = Schloss Lubowitz?

Konturloses Wien und Rom

Wien, wo er eine Zeit lang gelebt hat, so wenig übrig hat.

Wie die Schauplätze, an denen die Geschichte spielt, blass und konturlos bleiben, so sind die erzählten Handlungen und Geschehen ungenau und nicht zu datieren. Der Leser wird in eine Art ›goldenes Zeitalter‹ versetzt, in dem es weder Krieg noch Revolution gibt. Die Welt ist von einer Ordnung geprägt, die von Gott geschaffen ist und von diesem gelenkt wird, und in der jeder Mensch seinen Platz und seine ihm zugewiesene Bestimmung hat. Noch scheint die Ständeordnung zu gelten, nach der dem Adel eine bevorzugte Stellung zukommt, während die Bauer und Müller am unteren Ende dieser Hierarchie stehen.

■ Ungenaue Schauplätze und Ereignisse

■ Von Gott geprägte Ordnung

Bilder, Vergleiche, Symbole

Um einen Eindruck von seiner Reise in die weite Welt oder von seinem Lebensweg zu geben, setzt der Erzähler einige zeichenhafte Bilder ein, die sich im Laufe des Textes wiederholen. Die zwitschernden »Sperlinge« und der »Goldammer« (S. 5) am Fenster leiten den Aufbruch des Taugenichts ein. Er selbst vergleicht sich abwechselnd mit einem »Vogel«, »dem die Flügel begossen worden sind« (S. 8), dann mit einem, dem »das Gebaur [Vogelhaus] plötzlich aufgemacht wird« (S. 91). Sein Lieblingsvogel ist die Lerche, die am frühen Morgen singend in den blauen Himmel fliegt. Aber auch die übrigen Vö-

■ Über das Fliegen

gel – die Dohlen, Käuzchen, Nachtigallen und andere – verdienen Beachtung. Sie sind nicht nur belebende Elemente der Natur, sondern sie geben dem Menschen Hinweise, wie er sein Leben zu gestalten hat.

■ Die Geige

Wichtigstes Attribut des Taugenichts ist seine Geige. Sie ist Ausdrucksmittel seiner Befindlichkeiten und Begleitinstrument für seine Lieder. Es dürfte sich um eine Taschen-Geige, eine »Pochette«[15] handeln, die leicht zu transportieren ist. Die Geige macht den Taugenichts nicht nur zum Künstler, zum »Virtuosen« (S. 33), sondern auch zum Instrument. Der singende und spielende Taugenichts ist die Verkörperung des Menschen, der als Geschöpf Gottes den Schöpfer auf angemessene Weise preist. Musik ist eine gesteigerte Ausdrucksmöglichkeit des Menschen. Von den Figuren, die ein Instrument spielen – Fagott, Schalmei, Zither, Oboe, Klarinette, Waldhorn –, ist sicher Aurelie, des Taugenichts »schöne gnädige Frau«, die wichtigste. Sie spielt Gitarre und erweckt schon dadurch die Aufmerksamkeit des Titelhelden. Der Taugenichts und Aurelie, so schließt der Leser, passen zusammen.

■ Farbsymbolik

Der Taugenichts schildert häufig und intensiv seine sinnlichen Wahrnehmungen, wobei er auf eine auffallende Farbsymbolik zurückgreift. So verwendet er – in Anlehnung an das romantische Symbol der

15 Hartwig Schultz (Hrsg.), *Erläuterungen und Dokumente. Joseph von Eichendorff: »Aus dem Leben eines Taugenichts«,* Stuttgart 1994, S. 6.

»blauen Blume« – etwa die Farbe Blau, um sein Fernweh nach fremden Ländern und die Sehnsucht nach
dem ursprünglichen, natürlichen Leben zu beschreiben: »in der klaren blauen Luft« (S. 7), »die himmel-
blauen Winde« (S. 21), »die fernen blauen Berge« (S. 69).

Die Lieder

Eine Besonderheit sind die in den Erzähltext einge-
gliederten lyrischen Texte, die keineswegs zufällige
Beigaben sind, sondern den Gesamttext bewusst er-
gänzen. Der Leser soll sie sich zunächst als gesungen
und – oft – mit Geigenbegleitung vorstellen, obwohl
ihnen keine Melodie beigegeben ist. Doch ist ihr lied-
hafter Charakter so offenkundig, dass die lyrischen
Texte zum Teil berühmte Komponisten angezogen
haben, sie mit Melodien zu versehen. Einige dieser
vertonten Lieder wurden zu gern gesungenen Wan-
derliedern und ließen von der Intention Eichendorffs
kaum noch etwas erkennen.

Insgesamt handelt es sich um dreizehn lyrische
Einlagen, die zum Teil kurz eingeführt und die in ei-
nigen Fällen strophenweise wiederholt werden oder
an die im Laufe der Handlung erinnert wird. In jedem
einzelnen Fall markiert der lyrische Text einen Halte-
punkt, der zum Verweilen und zur Besinnung einlädt.
Das gilt sowohl für das einem Minnelied nachgestaltete Lied »Wohin ich geh und schaue« (S. 9, 13) wie für
das volksliedartige »Wenn ich ein Vöglein wär« (S. 64)
und erst recht für das religiöse Bekenntnislied »Wem

■ Bewusste
Ergänzun-
gen zum
Gesamttext

■ Halte-
punkte zur
Besinnung

Gott will rechte Gunst erweisen« (S. 6).[16] Ganz aktuell übernimmt Eichendorff außerdem das Brautlied »Wir bringen dir den Jungfernkranz« (S. 94) aus der erst 1821 uraufgeführten romantischen Oper *Der Frei-schütz* von Carl Maria von Weber in seine Novelle.[17]

16 Siehe für eine Erläuterung zum Lied »Wem Gott will rechte Gunst erweisen«: Kap. 5 »Quellen und Kontexte«, S. 64–66 im Lektüreschlüssel.
17 Rolf Fath / Anton Würz (Hrsg.), *Reclams Opern- und Operettenführer*, Stuttgart 1994, S. 156.

5. Quellen und Kontexte

Die Lebenssituation des Autors

Nach einer sorgenfreien und glücklichen Kindheit und einer anfänglich noch unbelasteten Studentenzeit waren Joseph von Eichendorff und sein Bruder Wilhelm in den Strudel politischer Umbrüche und wirtschaftlicher Schwierigkeiten geraten. Napoleon hatte seit seinem Feldzug 1796 in Italien Europa mit Krieg überzogen und war seinerzeit von den Alliierten Truppen in den sogenannten Befreiungskriegen zurückgeschlagen worden. Die Besitztümer der Eichendorffs waren nach und nach verloren gegangen. Die einst begünstigten Söhne der Familie mussten sich um ›Brotberufe‹ bemühen, um ihre Familien zu ernähren. Dabei sind für den Katholiken Joseph von Eichendorff die zu überwindenden Hürden in dem protestantisch orientierten Soldaten- und Beamtenstaat Preußen besonders hoch. Nach bestandenem juristischem Examen wird er in eine preußische Beamtenstelle eingewiesen und beginnt eine bescheidene, aber gesicherte Laufbahn.

■ Politische und wirtschaftliche Probleme

In dieser Zeit und unter diesen Bedingungen entsteht die märchenhafte Novelle *Aus dem Leben eines Taugenichts*. Von Krieg und Revolution wissen der Taugenichts und sein Erzähler – im Gegensatz zum Autor – nichts, als endlich 1826 in der Berliner Verlagsbuchhandlung der Band *Aus dem Leben eines Taugenichts und das Marmorbild* erscheinen.

■ Gegensatz: Entstehungszeit – gestaltete Zeit

Die Gesellschaftsschichten im *Taugenichts*

Die Hauptfigur der Novelle kommt vom Land sowie aus der Schicht der Bauern und Handwerker – aus einer Lebenswelt also, die im Deutschland des 19. Jahrhunderts weit verbreitete Lebenswirklichkeit war. Die Lebenswelt der Grafen und Gräfinnen war dagegen schon zu Eichendorffs Lebzeiten bedroht. Grafen, ehemals »Befehlshaber einer Schar«, später Landesherren einer Grafschaft, hatten im Laufe der Zeit alle Funktionen verloren; »Graf« wurde ein weitgehend leerer Titel für Vertreter des niederen, zum Teil auch des höheren Adels.[18] Die Gräfin im Schloss bei Wien wird als »gnädige Herrschaft« (S. 8) angesehen und mit »Euer Gnaden« (S. 6, 99) angeredet. Die Rituale der Adelsgesellschaft wie Jagd (S. 16 f.), Promenade (S. 12), Maskenball (S. 20) und Serenade (S. 24) werden gepflegt und eine hierarchisch geordnete Dienerschaft vom Amtmann über den Schreiber und Portier bis hinunter zum Gärtner und Gärtnerburschen steht zur Verfügung. Als unmittelbare Dienerin der Gräfin fungiert eine Kammerjungfer. Das »Zollhäuschen« (S. 14) ist ein letzter Hinweis auf die ehemalige Landesherrlichkeit. Inzwischen scheint die Zolleinnehmer-Stelle jedoch überflüssig; der neue Einnehmer gesteht: »[Z]u tun hatte ich weiter nichts« (S. 15). Von Politik und Wirtschaft ist nirgendwo die Rede. Der Schauplatz scheint der übrig gebliebene Teil einer

■ Gesell-
schafts-
schichten

■ Überreste
einer alten
Welt

18 Erich Bayer, *Wörterbuch zur Geschichte. Begriffe und Fachausdrücke*, 2., überarb. Aufl., Stuttgart 1965, S. 182.

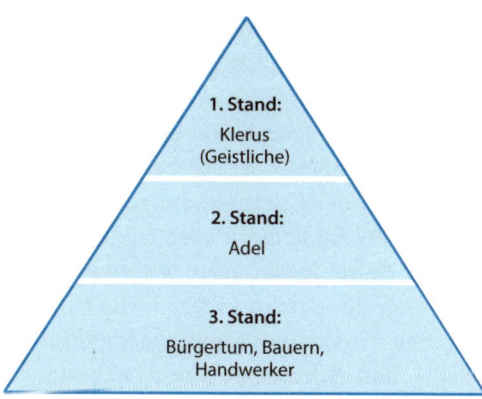

Abb. 6: Das mittelalterliche Ständesystem, das sich zu der Zeit, in der der *Taugenichts* spielt, mehr und mehr im Umbruch befindet. Dennoch spielt die Stände-Hierarchie eine Rolle für den Taugenichts: Als vermeintlich Adelige scheint Aurelie für ihn unerreichbar

Spiel- oder Märchenwelt innerhalb einer insgesamt schon veränderten Welt.

Der *Taugenichts* in seiner Zeit

Für besonders engagierte Literaturliebhaber zählen die Jahre, in denen Eichendorffs *Aus dem Leben eines Taugenichts* entstand – also die Zeit zwischen 1817 und 1826 –, noch in die Ära der Goethezeit. Politisch engagierte Historiker verweisen eher darauf, dass die Zeitverhältnisse in Europa zwischen 1795 und 1830

■ Goethezeit und Napo-leonische Kriege

durch Napoleons Eroberungen, durch die Befreiungskriege und die nachfolgende Restaurationspolitik bestimmt waren.

Tatsächlich haben Joseph von Eichendorff und sein Bruder Wilhelm noch klassisch bestimmte Theateraufführungen in der Goethestadt Bad Lauchstädt besucht. Sie haben die Kriegswirren erlebt und erlitten und an den Befreiungskriegen teilgenommen. Von Krieg und Befreiung ist in Eichendorffs Novelle aber nichts enthalten. Auch ein Einfluss der großen Klassiker Goethe und Schiller ist kaum wahrzunehmen. Eichendorff hat mit dem *Taugenichts* ein höchst eigenständiges Werk geschaffen: eine Novelle oder ein Märchen oder – wie auch vorgeschlagen wurde – eine »Märchennovelle«[19], in denen Strömungen einer neuen Zeit zu erkennen sind.

Eine bevorzugte Form dieser neuen literarischen Richtung war der Roman. Dieser hatte zwar in Goethes *Wilhelm Meisters Lehrjahre* (1795) sein Vorbild, Ludwig Tieck warb aber bereits in seinem Werk *Franz Sternbalds Wanderungen* (1798) für neue Vorstellungen von Kunst und Leben, die von den Lehren des klassischen Bildungsromans abwichen. Auch Friedrich von Hardenberg, genannt Novalis, forderte in seinem Aufsatz »Die Christenheit oder Europa« (1802) eine Rückbesinnung auf einst selbstverständliche Vorstellungen, auf alte Formen und die Wiederherstellung einer vergangenen, glücklichen »Urzeit«.

■ Aber: Werk einer neuen Zeit

■ Der Roman – literarische Vorbilder

19 Bormann (s. Anm. 13).

Dieser Forderung folgend, brachten Achim von Arnim und Clemens Brentano eine Sammlung *Alte deutsche Lieder* zwischen 1805 und 1808 heraus und auch Ludwig Tieck und Joseph Görres setzten sich für eine Wiederbelebung von vernachlässigten Formen ein: Görres gab beispielsweise 1807 *Die teutschen Volksbücher* heraus. Ebenso großen Erfolg hatten – und haben bis heute – die Brüder Jacob und Wilhelm Grimm mit den beiden Bänden *Kinder- und Hausmärchen* (erschienen zwischen 1812 und 1858). Alle diese Werke und Autoren erhielten im Laufe der Zeit das Etikett der »Romantik«. Joseph Freiherr von Eichendorff betrat also keineswegs Neuland, als er 1815 sein erstes Prosawerk, den Roman *Ahnung und Gegenwart*, veröffentlichte. Der auf die Dauer erfolgreiche Text *Aus dem Leben eines Taugenichts* gilt bis heute als eines der bedeutendsten Werke der Romantik.

Der Taugenichts – Figur und Typus

Der Erzähler des Taugenichts bleibt namenlos. Die Leserinnen und Leser erfahren nirgends, wie das Erzähl-Ich, das gleichzeitig das Handlungs-Ich der Geschichte ist, heißt. Der junge Mann ist ohne Vorlage aus der Welt der Wirklichkeit, ist eine literarische Figur, erfunden von einem Dichter.

■ Eine literarische Figur

Mit »Taugenichts« wird die Hauptfigur der Novelle zunächst von seinem Vater, dem Müller, angeredet, der ihn auf diese Weise als Faulenzer und Tagedieb beschimpft und aus dem Haus jagt. Der so Angeredete nimmt den Vorwurf hin, macht keinerlei Versuch einer Rechtfertigung, ist sofort bereit, das Haus und die Mühle zu verlassen und »in die Welt [zu] gehen und [s]ein Glück [zu] machen« (S. 5). Als angeblicher Taugenichts zieht er los, lässt Arbeit Arbeit sein, nimmt sich »[s]eine Geige« (S. 5) und zieht in die »freie Welt« (S. 5).

■ Begriffsbe-
stimmung:
›Tauge-
nichts‹

Im allgemeinen Wortgebrauch ist »Taugenichts« ein Schimpfwort. Es steht für einen, der nichts Ordentliches oder überhaupt nichts tut, der, wie man auch sagt, nichts taugt, keine der erwarteten Tugenden hat. Er ist ein Nichtsnutz oder ein Tunichtgut. Es ist ein Wort, mit dem Menschen, die für Recht und Gesetz, für Sitte und Ordnung eintreten, diejenigen belegen, die sich der Einbindung in die Arbeitswelt verweigern, die im äußersten Fall zu Dieben, Lügnern und Verbrechern werden. Der Erzähler ficht dies nicht an; er sagt: »wenn ich ein Taugenichts bin, so ist's gut« (S. 5). Er ruft den arbeitenden Leuten sein »Adjes« (S. 5) zu und beginnt damit eine neue Epoche seines Lebens.

■ Anfangs-
lied = Geis-
teshaltung

Der neue Lebensabschnitt wird höchst wirkungsvoll mit einem Lied – »Wem Gott will rechte Gunst erweisen« – eingeleitet, das dieser Taugenichts, »auf der Landstraße fortgehend« (S. 5), befreit singt und auf seiner Geige begleitet. Der Text (S. 6), der später mehrfach vertont und von Männerchören und Jugendgruppen effektvoll gesungen wurde, hat an seiner ursprünglichen Stelle, nämlich zu Beginn der erzählten Handlung, die Funktion einer thematischen

Grundorientierung. Er darf als eine Art Glaubensbekenntnis der literarischen Figur, des Erzählers und sogar des Autors Eichendorff verstanden werden.

Das Lied besteht aus vier Strophen. Jede dieser ■ Volkslied-
Strophen umfasst vier Zeilen, die metrisch geordnet strophen
und durch Kreuzreim verbunden sind. So entsteht die
sogenannte Volksliedstrophe. Das alternierende Vers-
maß macht es dem Sänger leicht, den Text zu singen,
und dem Wanderer leicht, im Schritt zu folgen.

Das Lied ist ein Preislied auf Gott und seine Schöp- ■ Glaubens-
fung und gleichzeitig ein Versprechen des redenden bekenntnis
und singenden Menschen, der den Schritt in diese
Welt tut. Das zentrale Versprechen lautet: »Den lieben Gott lass ich nur walten«. Die Rede vom »lieben
Gott« ist hier keine Phrase, sondern ein Glaubenssatz.
Gott ist der Schöpfer und Erhalter dieser Welt. Wer
Gott »walten« lässt, vertraut darauf, dass dieser stark,
mächtig und gütig ist.

Beweise für die Macht und Güte Gottes werden de-
nen zuteil, die »in die weite Welt« gehen und all diese ■ »[I]n die
»Wunder« sehen und erleben, die sich ihnen darbie- weite Welt«
ten. Der gläubige Mensch weiß: »Gott [...] hat auch
mein Sach aufs Best bestellt« (S. 6). In der Juristen-
sprache ist »Sach«, die ›causa‹, also der Prozessgegen-
stand, um den gerungen wird. Unter einem Prozess
versteht man den Vorgang und Verlauf einer Handlung, vornehmlich einer Gerichtsverhandlung, in der
um die Gültigkeit der vertretenen Thesen gestritten
wird. Der Taugenichts, aus dem Elternhaus versto-
ßen, will mit denen singen, denen Gott »die weite

Welt [...] weisen« will. Er möchte nicht zu denen gehören, »die zu Hause liegen« und nur von Sorgen, Last, Not und Broterwerb wissen.

■ Entgegengesetzte Lebenskonzeptionen

Damit steht die Lebenskonzeption des Taugenichts, nämlich musizierend durch die Welt zu ziehen und das Leben, Situationen sowie Menschen offen auf sich zukommen zu lassen, einer anderen Lebenskonzeption entgegen: der des Philisters.

Der Philister – ein Gegenbild

Das genaue Gegenbild zu dem in die Welt wandernden und auf Gott vertrauenden Taugenichts tritt den Lesern im Typus des Philisters entgegen.

■ Von den Romantikern verachtet

Von Clemens Brentano stammt eine satirisch übersteigerte Darstellung dieses Typs, dem die Verachtung der Romantiker, also vor allem der Künstler, Sänger und Dichter galt, und somit auch die Verachtung des Taugenichts:

»Wenn der Philister morgens aus seinem traumlosen Schlafe, wie ein ertrunkener Leichnam, aus dem Wasser herauftaucht, so probiert er sachte mit seinen Gliedmaßen herum, ob sie auch noch alle zugegen, hierauf bleibt er ruhig liegen, und dem anpochenden Bringer des Wochenblatts ruft er zu, er solle es in der Küche abgeben, denn er liege jetzt im ersten Schweiß und könne, ohne ein Wagehals zu sein, nicht aufstehen; sodann denkt er daran, der Welt nützlich zu sein [...]. Seine weiße baumwollne Schlafmütze, zu welchen diese Ungeheuer große Liebe tragen, sitzt un-

■ Satirische Darstellung Brentanos, 1811

verrückt, denn ein Philister rührt sich nicht im Schlaf. Wenn er aufgestanden, so wechselt er das Hemd, wenn er es tut, so, dass er das erste ganz auszieht, ehe er das andere anzieht, und ist imstand, seine Flanelljacke gelinde mit seinem linken wollnen Strumpf zu reiben, damit sie keinen Rheumatismus bekomme, auf die Haut selbst kommt er sich nie; sodann geht es an ein gewaltiges Zungenschaben und Ohrenbohren […].«[20]

Der Begriff ›Philister‹ ist ursprünglich dem Alten Testament entnommen und bezeichnet dort einen Volksstamm, der den Israeliten feindlich gesonnen ist. Dort heißt es warnend: »Philister über dir, Simson« (Richter 16,20). Der Begriff erfuhr eine Aktualisierung, als es in Jena zu Auseinandersetzungen zwischen Bürgern und Studenten kam, bei denen ein Student ums Leben kam. Der Generalintendent der Stadt hatte in einer Predigt Partei für die Studenten genommen und die Bürger als »Philister« zurückgewiesen. Damit verdeutlichte er den Gegensatz zwischen Bürgern und Studenten.[21] Die Sympathie lag jetzt bei dem ermordeten Studenten, die Antipathie ist gegen die auf Sicherheit und Ordnung pochenden Bürger – die Philister – gerichtet.

■ Negativ besetzter Begriff

Als Philister geben sich leicht der Portier und der Gärtner des Schlosses zu erkennen. Sie sind die natür-

■ Die Philister im *Taugenichts*

20 Clemens Brentano (s. Anm. 8), S. 1394.
21 Christoph Wetzel (Hrsg.), *Joseph von Eichendorff*, in: *Die großen Klassiker. Literatur der Welt in Bildern, Texten, Daten*, Bd. 13, Salzburg 1982, S. 63.

lichen Gegner des singenden, dichtenden – und liebenden – Taugenichts, der damit zur positiven Symbolfigur der Romantiker herausgestellt wird, zu dem die Philister das Gegenbild abgeben.

Der Taugenichts in Rom

Konfusionen sind die Ursache dafür, dass der Taugenichts die schon sichere Stelle verlässt und sich nach Italien treiben lässt: »Ich befahl mich daher Gottes Führung, zog meine Violine hervor und spielte meine liebsten Stücke durch, dass es recht fröhlich in dem einsamen Wald erklang« (S. 30). Genauso lernt der Taugenichts die Welt kennen – singend, spielend, Gott vertrauend.

■ Musik

Musik war schon das belebende Element auf dem Schloss. Dort sind sogar Volkslieder hochgeschätzt (S. 13). Kaum hat der Taugenichts die erste Wanderstrecke hinter sich, spielt er jungen Leuten zum Tanz auf und beobachtet, »wie eine gute Musik in die Gliedmaßen fährt« (S. 31).

Bevorzugt ist die Volksliedstrophe. Sie kommt auch bei der höfischen Gesellschaft gut an: »[…] ein Volkslied, gesungen vom Volk in freiem Feld und Wald ist ein Alpenröslein auf der Alpe selbst« (S. 13). Ein ähnliches Lob gibt es nur noch bezüglich des Chorgesangs aus Carl Maria von Webers *Freischütz*.

Auf wunderbare Weise wird der Taugenichts durch Ober- und Mittelitalien gelenkt und erfährt – auch für den Leser – urplötzlich, dass er nur noch »ein paar

Meilen von Rom« (S. 60) sei. Der Erzähler hält inne und erinnert sich: »Da erschrak ich ordentlich vor Freude. Denn von dem prächtigen Rom hatte ich schon zu Hause als Kind viele wunderbare Geschichten gehört« (S. 60).

Rom ist ein zentraler Ort der europäischen Geschichte. Mit Rom verbinden die einen Aufstieg und Zerfall eines Weltreichs. Mustergebilde der Staatskunst waren die Römische Republik und das spätere Kaiserreich. Über Jahrhunderte hinweg residierte der Papst in Rom. So wurde Rom zum zentralen Ort der Christenheit. Wenn aber der Taugenichts in seiner Kindheit und Jugend an Rom dachte, da dachte er sich Rom »wie die ziehenden Wolken über mir, mit wundersamen Bergen und Abgründen am blauen Meer, mit goldenen Toren und glänzenden Türmen, von denen Engel in goldenen Gewändern sangen« (S. 60). **■ Europäische Geschichte und Christenheit**

Rom war und ist bis zu diesem Augenblick für den Taugenichts ein Sehnsuchtsort, eine »heilige Stadt«, »eine berühmte Stadt« (S. 61), eine verheißungsvolle Stadt, eine Stadt, die er mit großen Erwartungen, aber ohne klare Vorstellungen betritt. **■ Sehnsuchtsort**

Der Taugenichts, der sich immer noch verfolgt fühlt, muss aber, ehe er die Stadt betritt, »eine große einsame Heide« überwinden, »auf der es so grau und still war, wie im Grabe« (S. 61). **■ Heide vor der Stadt**

Offensichtlich steht dem Taugenichts eine Prüfung bevor, ehe er die heilige Stadt betreten darf; denn diese Heide ist der Ort, an dem einst eine »uralte Stadt« stand, in der »Frau Venus begraben liegt« und an der

»die alten Heiden zuweilen noch aus ihren Gräbern heraufsteigen« (S. 61).

Der Taugenichts steht an einer Grenze. Überwinden muss er die Grenze oder den Abgrund, konkreter: die Heide, die er zwischen sich und der heiligen Stadt wahrnimmt. Die »uralte Stadt« ist zwar verfallen, das Land verdorrt. Die Gemäuer sind verfallen; es ist dunkel, »grau und still«. Trotzdem geht Gefahr für den Wanderer von den alten Heiden aus, die zuweilen »aus ihren Gräbern heraufsteigen« und die »Wanderer verwirren« (S. 61). Es ist die Gefahr, die letztlich auf Frau Venus zurückgeht, die hier begraben liegt. Der Taugenichts lässt sich nicht »anfechten« und nicht »verwirren« und durchschreitet bald »ein prächtiges Tor in die Stadt Rom hinein« (S. 61).

■ Gefahr der Venus

Venus, die römische Göttin der Liebe und Schönheit, nahm eine bevorzugte Stellung im Kreis der antiken Göttinnen und Götter ein. Mit dem Christentum änderte sich aber deren Einschätzung. Für gläubige Christen ist Venus die große Verführerin, die Personifizierung der geschlechtlichen und meist unerlaubten Liebe. Als Gegenbild wurde ihr die jungfräuliche Maria, die Mutter Jesu, entgegengestellt.

Bei den Malern in Rom

■ Zeitgenössische Malerei

In Rom macht der Taugenichts Bekanntschaft mit einer Gruppe von Malern. Rom ist ein Zentrum der zeitgenössischen Malerei. Auch Goethe hatte sich bei seinem Aufenthalt in Rom als Maler ausgegeben. Jetzt lernt der Taugenichts die Werkstatt eines Künstlers kennen, der zu der Gruppe der in der Kunstgeschichte als »Nazarener« zusammengefassten Künstler gehört. Sie streben eine Erneuerung der Kunst auf religiöser Grundlage an.

Rom bildete zu dieser Zeit »das reichhaltigste Freilichtmuseum der europäischen Kulturgeschichte und den Höhepunkt einer Bildungsreise«[22]. Der Taugenichts wird sehr unterschiedliche Künstlertypen kennenlernen und sehr unterschiedliche Erfahrungen machen. Am Ende nimmt er sich vor, »dem falschen Italien mit seinen verrückten Malern, Pomeranzen und Kammerjungfern« (S. 80) den Rücken zu kehren. Wenig später ist er dann zurück in Österreich und auf dem Weg zu seiner Aurelie.

---

22 Christoph Wetzel, *Das Reclam-Buch der Kunst*, Stuttgart 2001, S. 296.

6. Interpretationsansätze

Der Taugenichts – eine exemplarische Figur

■ Der Titel

Im Laufe der nachweisbaren Entstehungsgeschichte der Novelle von 1817 bis zum Erstdruck 1826 wechselt die Titelbezeichnung mehrfach: Ein erster Entwurf ist mit »Ein Familien-Gemählde«[23] überschrieben; eine frühe Handschrift hat die Aufschrift »Der neue Troubadour«[24]; eine Handschrift aus dem Jahr 1823 erprobt einen Doppel-Titel: »Zwei Kapitel aus dem Leben eines armen Taugenichts Oder der moderne Troubadour«[25]; der erste Vorabdruck in der Zeitschrift *Deutsche Blätter für Poesie, Litteratur, Kunst und Theater* (1823) heißt *Ein Kapitel aus dem Leben eines Taugenichts*[26]; erst das Manuskript, das 1825 an den Verlag geht, benennt das Werk *Aus dem Leben eines Taugenichts*[27].

■ Fokus auf den »Helden«

Mit diesem gedruckten Titel ist der Blick endgültig ausgerichtet auf die eine Figur, aus deren Leben berichtet werden soll. Unterdrückt ist der ursprünglich geplante Hinweis auf die hoch angesehene Tradition mittelalterlicher höfischer Dichter. Stattdessen wird die Kurzbiographie einer in den Augen des Lesepublikums problematischen Gestalt angekündigt, und die-

23 Schultz (s. Anm. 15), S. 47.
24 Ebd., S. 52.
25 Ebd., S. 41.
26 Ebd., S. 52.
27 Ebd., S. 53.

se Figur wird ohne ein Mitleid erregendes Attribut und ohne ein »angeblich« als Ironiesignal allein mit dem in bürgerlichen Ohren negativ besetzten Schimpfwort »Taugenichts« vorgestellt. Die einleitenden Sätze des ersten Kapitels geben dann einem Ich-Erzähler das Wort, der scheinbar nichts gegen diese Bezeichnung einzuwenden hat, sondern daraus die Konsequenz zieht, den Ort zu verlassen, an dem er als Nichtsnutz eingestuft wird. Mit diesem Entschluss wird eine neue Lebensphase eingeleitet, und die folgende Erzählung entspricht durchaus der Konzeption eines autobiographischen Textes. Kann der Leser also *Bekenntnisse* nach Art des hl. Augustinus (entstanden 397–401 n. Chr.) oder Rechtfertigungen in der Nachfolge von Jean-Jacques Rousseaus *Bekenntnissen* (verfasst 1767–70) oder eine Lebensbeschreibung und -Deutung erwarten, wie sie Goethe in seiner Autobiographie *Aus meinem Leben. Dichtung und Wahrheit* vorgelegt hat? Jedenfalls ist ein Lebensrückblick in Aussicht gestellt.

■ Ein Lebensrückblick

Das Erzähl- und Handlungs-Ich

»[I]n die Welt gehen und mein Glück machen« (S. 5) – so lautet das Lebensprogramm, mit dem sich der als »Taugenichts« Gescholtene von seinem Vater, dem Müller, und dem Ort seiner Jugend, der Mühle, abwendet. Der Bruch mit seinem Vater, der zur »Arbeit« (S. 5) auffordert, und mit der dörflichen Arbeitswelt insgesamt ist damit vollzogen. Singend und musizierend

■ Das Lebensprogramm des Taugenichts

begibt sich der junge Mann auf die Landstraße und strebt »in die freie Welt« (S. 5). Rückblickend erzählt dieses Ich im Folgenden nun, wie es ihm in der freien Welt ergangen ist und wie es sein Glück gemacht hat.

Einen bestimmten Adressaten hat der Erzähler nicht. Fast scheint es so, als wiederhole er nur für sich, was er erlebt hat. Dabei wird ihm einerseits bewusst, dass er manches wieder »vergessen« hat (S. 8); andererseits erinnert er sich mit »Wehmut« an die schöne Zeit, als er »die [...] schöne Frau« von ferne sah und singen hörte, und er seufzt: »[...] ach das alles ist schon lange her!« (S. 11) Zwischen der Handlung, die mit der Verlobung und mit weiteren Reiseplänen endet (S. 101), und dem Zeitpunkt, zu dem das Erzähler-Ich anfängt zu berichten, besteht eine Lücke, die weder inhaltlich gefüllt noch zeitlich bestimmt wird. Der Erzähler wendet sich weit zurück und lässt den Leser unmittelbar am Erlebten teilnehmen.

Bei der Suche nach seinem Glück kommen ihm die Umstände entgegen. Für die Gräfin, die ihn eine Zeit lang beobachtet, ist er ein »lustiger Gesell«; sie lobt: »Er weiß ja recht hübsche Lieder zu singen« (S. 6). Beides macht ihn auf Anhieb sympathisch. Sogar die Kammerjungfer auf dem Schloss meint, er sei »ein charmanter Junge« (S. 8). Mit seinem heiteren Gemüt – »Mir war es wie ein ewiger Sonntag im Gemüt« (S. 5) – gewinnt er die Herzen der einen und erregt gleichzeitig das Misstrauen der anderen; nämlich jener, die selbst verdrießlich und von Arbeit und Sorge besetzt sind. Ihnen ist schon die Geige ein Dorn im

Anlage und Lebensumstände

Auge; sie ordnen den jungen Mann eher in die Kategorie »Gesindel und Bauerlümmel« (S. 8) ein.

Damit aber tun sie dem Müllerssohn mit Sicherheit Unrecht; denn längst hat er bewiesen, dass er mit adligen Damen angemessen reden kann, dass er die Umgangsformen beherrscht und dass sein Verhalten untadelig ist. Außerdem ist er jung – »auf der Oberlippe zeigten sich erst ein paar Flaumfedern« (S. 49) – und attraktiv, so dass wohl nicht nur die Augen der Wein reichenden Dorfschönen »über das Glas weg auf [ihn] herüberfunkelten« (S. 32). Auch bei anderen kommt er gut an.

Ein umfassendes Glaubensbekenntnis legt der junge Mann, von dem der Leser längst gemerkt hat, dass er kein »Taugenichts« im üblichen Wortsinn ist, in seinem Anfangslied ab: »Wem Gott will rechte Gunst erweisen / Den schickt er in die weite Welt« (S. 6). Dieses Lied weist ihn als gläubigen, weltoffenen, auf Gott vertrauenden, durchweg optimistischen Menschen aus. Er scheint im Einklang mit sich, mit der Welt und mit dem Weltschöpfer zu sein.

■ Gottvertrauen

Dies zuweilen blinde Gottvertrauen hat jedoch auch eine Kehrseite. Vertrauensselig, wie er ist, hat der Taugenichts keinen Blick für verworrene Verhältnisse, noch weniger für kleine Intrigen, wie sie auch am kleinsten Hofe üblich zu sein scheinen. Nicht nur die Kammerjungfer merkt, dass er manches nicht durchschaut. Er selbst hat manchmal den Eindruck, dass er »ein großer Narr« (S. 25) sei. Auch wenn er über sich und die Welt nachdenkt, bleibt er im Bereich

■ Naiv

der Sprichwort-Weisheiten. Er kommt mit einem Leitsatz wie » [...] der Mensch denkt und Gott lenkt« (S. 10) aus. Naiv gläubig geht er durch die Welt.

Der Wandernde und Reisende

Zu den Grundüberzeugungen des Erzählers gehört, dass es eine Gottesgunst ist, »in die weite Welt« geschickt zu werden und dass »die Trägen, die zu Hause liegen« (S. 6), ihr Leben vertun. Es ist eine Art Lebenserfüllung für ihn, »auf Reisen zu gehn« (S. 5).

Reisen = Lebenserfüllung

Dabei sind die Arten der Fortbewegung ebenso wenig wichtig wie die Reiseziele. Zunächst »wandert« der junge Mann auf der Landstraße »ganz langsam« fort, ist dann aber dankbar, als ihn »ein köstlicher Reisewagen« (S. 6) einholt und ihn mitnimmt. Auch später kommt es ihm ganz gelegen, wenn er größere Strecken mit der Kutsche oder per Schiff zurücklegen kann. Keineswegs ist er also der Prototyp des Wandervogels, der aus dem Wandern eine Ideologie macht.

Verschiedene Arten der Fortbewegung

Ein festes Ziel hat der Taugenichts, der gerade von zu Hause wegzieht, nicht; er nennt aus Verlegenheit Wien, weil diese Stadt in der Gegend, aus der er stammt, als Attraktionsort anerkannt ist. Später reist er mit reichlich unklarer Vorstellung nach Italien und kommt eher zufällig nach Rom, von dem er »als Kind viele wunderbare Geschichten gehört« (S. 60) hat. Ein genaues Bild erhält der Leser weder von Rom noch von Wien. Auch der Landschaftscharakter auf dem Weg von Österreich bis Mittelitalien scheint sich

Kein festes Ziel

nicht zu ändern. Die Grundelemente der Landschaft – Berge und Täler, Wälder und Felder – sind überall dieselben: in »Tirol«, in der »Lombardei« (S. 41), vor Wien (S. 6) und vor »Rom« (S. 60), in »Italien« (S. 41) und in »Östreich« (S. 81).

Kein Reiseziel, sondern eine allgemeine »Reiselust« (S. 25) bewegt den Taugenichts. In dem Wort »Reiselust« sind enthalten: »alle die alte Wehmut und Freude und große Erwartung« (S. 25). Auslöser dieser Reiselust sind der Gesang der Lerchen und der Klang des Posthorns. Hört er diese Lockungen, »war [ihm] nicht anders, als müsst [er] nur sogleich mit fort, weit, weit in die Welt« (S. 19). Sobald er dann den inneren und äußeren Anstößen folgt, fühlt er sich »wie ein Vogel, der aus seinem Käfig ausreißt« (S. 26). Dann überkommt ihn das ursprüngliche Lebensgefühl, dem er in seinem Lied von der Gottesgunst des Wanderns Ausdruck gibt (S. 6). Von aller Erdenschwere befreit, fühlt er sich »wie der Vogel in der Luft« (S. 40). Dabei geht es ihm weniger um die Schnelligkeit, in der die Vögel dem Menschen überlegen sind, sondern mehr um die Höhe, die eben nur die beneideten Lerchen erreichen. So bleibt wohl eine Wunschvorstellung, was Guido singt und was ihm, dem Taugenichts, »durchs ganze Herz klang:

■ Reiselust

■ Der Traum vom Fliegen

> Fliegt der erste Morgenstrahl
> Durch das stille Nebeltal,
> Rauscht erwachend Wald und Hügel:
> Wer da fliegen kann, nimmt Flügel!« (S. 38)

Am frühen Morgen der Sonne entgegenfliegen zu können – so könnte der Traum aussehen, in den der Taugenichts verfällt, als er das Lied hört.

Immer unterwegs Wie der Taugenichts kein festes Ziel hat, das er erstrebt, so hat er auch keinen Ort, an dem er endgültig bleibt: Kaum hat er die heimische Mühle verlassen, da wird ihm »so kurios zumute, als müsst [er] wieder umkehren« (S. 7); und kaum hat er eine erste Strecke auf dem Weg nach Italien zurückgelegt, da denkt er zurück »an den Garten der schönen gnädigen Frau« (S. 28). Auch die »Mühle in den tiefen Schatten« (S. 28) kommt ihm wieder in den Sinn. Während ihn die Reiselust also in die Ferne lockt, zieht ihn das Heimweh zugleich wieder zurück. Aber auch die Rückkehr in die Heimat ist nicht endgültig; denn obwohl er enttäuscht »dem falschen Italien« (S. 80) den Rücken gekehrt hat, stellt er seiner Braut in Aussicht: »[…] gleich nach der Trauung reisen wir fort nach Italien« (S. 101).

Unstillbares Fern- und Heimweh Fernweh und Heimweh sind vergleichbare Arten von Sehnsüchten, die in unterschiedliche Richtungen weisen, denen aber gemeinsam ist, dass sie in dieser Welt unstillbar zu sein scheinen. Reisen und Wandern sind für den Autor des *Taugenichts* nur Bilder für das andauernde Unterwegssein des gläubigen Menschen.

Der Liebende

Im Rückblick erkennt der Erzähler, dass die Begegnung mit den vornehmen Damen, kurz nach dem Aufbruch aus dem Heimatdorf, der Anfang der Liebesgeschichte war, die auf der letzten Seite der Novelle endet; denn die eine der Damen, die »besonders schön und jünger als die andere« (S. 6) war, ist jene, die er am Schluss heiraten wird und mit der er »gleich nach der Trauung […] nach Italien« (S. 101) reisen will. Die Geschichte selbst, die so gut und natürlich ausgeht, ist jedoch höchst kompliziert.

■ Komplizierte Liebesgeschichte

Der Müllerssohn ist sich anfangs des Standesunterschieds, der zwischen ihm und den Schlossherrschaften besteht, durchaus bewusst. Wenn er »ein Kavalier wäre« (S. 9), so überlegt er in einer irrealen Gedankenbewegung, so wollte er mit der Dame im Garten herumgehen und sie mit schönen Redensarten unterhalten. Er scheint also ziemlich genaue Vorstellungen vom Lebensstil an Rokoko-Höfen zu haben.

■ Standesunterschied

Bald aber erscheint ihm die Dame, die er im Garten umhergehen sieht, »wie ein Engelsbild« (S. 9). Damit beginnt eine Phase der Idealisierung, die ihre Leitvorstellungen aus der mittelalterlichen höfischen Dichtung nimmt. Dort nämlich verehrte der fahrende Ritter, der sein Vorbild im provenzalischen Troubadour hatte, die Burgherrin als »edle frouwe« und trug ihr Lieder und Gedichte vor, ohne einen Lohn zu erwarten. Der Taugenichts nimmt diese Rolle eines Troubadours an, wenn er die »viel schöne gnäd'ge

■ Idealisierung der »Dame«

Fraue« (S. 9) im Lied besingt und ihr Blumensträuße pflückt.

Andererseits erscheint ihm die Angebetete »wie ein Engel«, wenn sie »eine Lilie in der Hand hielt« (S. 12), also im wahrsten Sinne himmlisch. In der Art der Minnesänger erhebt er die Dame seines Herzens zu einer göttlichen Figur, die eigentlich für sterbliche Wesen unerreichbar ist und die doch intensiv begehrt wird. Als er ihr dann einmal zufällig und leibhaftig begegnet, ist er »wie betrunken vor Angst, Herzklopfen und großer Freude« (S. 18), so dass er nicht in der Lage ist, die Situation realistisch einzuschätzen, dass er sich vielmehr in Phantasien flüchtet und bei der Erscheinung seiner Angebeteten an die »schöne Magelone« (S. 17), eine Märchenfigur, denkt und Wunschträumen nachgeht. Wie in diesem Märchen würde auch er gerne die Geliebte entführen und in Kauf nehmen, dabei in türkische Gefangenschaft zu geraten. Er ist von den tradierten Geschichten so besetzt, dass er nicht bemerkt, dass seine Dame für seine Lieder und Aufmerksamkeiten durchaus empfänglich ist. Dass er sie, die er für unerreichbar hält, flieht, beruht auf einem Missverständnis. Bezeichnend ist, dass er ihr aber auch jetzt noch die Treue hält. Er hat keinerlei Blick für andere weibliche Wesen, die ihm ihre Sympathie zeigen: Er scheint nicht zu verstehen, was das Mädchen will, das ihm eine »Rose« reicht und dabei »über und über rot« (S. 32) wird; für die Kammerjungfer hat er keinerlei Empfinden (79 f.); das Mädchen, das im italienischen Schloss im Nebenzimmer schläft,

■ Flucht in Phantasie und Literatur

■ Ewige Treue

sieht er kaum an, zieht sich sofort zurück, damit es sich »nicht [...] schämen sollte, wenn sie erwachte« (S. 51); das eindeutige Angebot der römischen Gräfin (S. 79) lässt ihn davonlaufen. Und von da aus geht es wieder zurück zum Schloss und zu seiner Geliebten.

Sie ist es schließlich, die alle Konventionen und **Die** Traditionen durchbricht und ihn »schnell an sich« **Erlösung** drückt und ihm »um den Hals« fällt, ehe er sie »fest mit beiden Armen« umschlingt (S. 99). Dann erst erfährt er, dass er durchaus ebenbürtig liebte und dass diese Liebe sogar erwidert wurde. Nun erst merkt er, dass er blind für Tatsachen war und ideologisch befangen von Ritualen einer vergangenen ritterlich höfischen Zeit. Und doch war das Missverständnis fruchtbar.

Der Weg über Rom war kein Umweg und die Verwirrung des Herzens war nicht schädlich. Wahre Liebe übersteht alle Komplikationen. Weder Landes- noch Standesgrenzen können Verliebte trennen, so lautet die Botschaft, wenn Herr Leonhard erklärt:

»Die Liebe [...] ist eine der couragiösesten Eigenschaften des menschlichen Herzens [...]. Ja, sie ist eigentlich ein Poetenmantel, den jeder Phantast einmal in der kalten Welt umnimmt, um nach Arkadien auszuwandern« (S. 95).

Offensichtlich wird der Taugenichts zu den Phantas- **Liebende** ten gezählt. Aber auch Herr Leonhard, der Graf aus **sind Phan-** der Nachbarschaft, ist einer dieser Phantasten; denn **tasten** er entführte Fräulein Flora, wie einst die sagenhafte Magelone entführt wurde, bestand märchenhafte Abenteuer und kam ebenfalls auf Umwegen zurück. Etwas Phantastisches, Poetisches, Irrationales und Unplanbares scheint in jeder wahren Liebesgeschichte zu stecken.

■ Der Poetenmantel

Der Liebende, so wird erklärt, hüllt sich in einen Poetenmantel, indem er liebt. Die Liebe ist geradezu der Poetenmantel, der in der kalten Alltagswelt wärmt und schützt. Indem sich der Liebende diesen Mantel umschlägt, verwandelt er die Welt in Poesie, »in ein Arkadien warmen Glücks. [...] Das Einhüllen in den wärmenden Mantel ist ein treffendes Bild für das Poetisieren der Welt«[28].

Die poetisierte Erzählung des Taugenichts

■ Das ›Romantisieren‹ der Welt

Am Ende der Erzählung wird der Taugenichts gefragt, ob er »noch keinen Roman gelesen« (S. 97) habe. Als er verneint, erklärt man ihm, dass er aber in einem Roman »mitgespielt« (S. 97) habe, und man erklärt, was »einem wohlerzognen Romane gebührt: Entdeckung, Reue, Versöhnung, [...] und übermorgen ist Hochzeit!« (S. 98). Was der Taugenichts tatsächlich erlebt hat, wird also als Roman gedeutet. Dichtung und Wirklichkeit werden so in eine enge Beziehung gebracht.

28 Robert Mühlher, »Der Poetenmantel«, in: *Eichendorff heute,* hrsg. von Paul Stöcklein, München 1960, S. 180–203, hier S. 181.

Der Autor Eichendorff folgt damit einem Postulat, das Novalis aufgestellt hatte: »Die Welt muss romantisiert werden.« Novalis hatte erklärt: »So findet man den ursprünglichen Sinn wieder [...]. Indem ich dem Gemeinen einen hohen Sinn, dem Gewöhnlichen ein geheimnisvolles Aussehen, dem Bekannten die Würde des Unbekannten, dem Endlichen einen unendlichen Schein gebe, romantisiere ich es.«[29] Wenn der Autor Eichendorff seinen Taugenichts erzählen lässt, so verlangt er ihm also nicht eine landeskundlich bestimmte Reisebeschreibung ab und auch nicht eine sozial anerkannte und ökonomisch fundierte Ehegeschichte, sondern er lässt ihn von dem Sinn des Reisens und von dem Geheimnis wahrer Liebe Kunde geben, ohne dass sich der Taugenichts dieses Auftrags bewusst ist.

■ Novalis' Postulat

Man mag dem Taugenichts glauben, dass er noch keinen Roman gelesen hat. Dennoch kann man ihm nachweisen, dass er im Bereich der Poesie nicht nur bewandert, sondern im wahrsten Sinne zu Hause ist: Er kennt die Geschichte von der schönen Magelone und nutzt sie als Deutungsmuster für die Liebesgeschichte, die er erlebt und wünscht. Als er verfolgt wird, fallen ihm »alle Mordgeschichten ein, die [er] in [s]einem Leben gehört hatte, von Hexen und Räubern, welche Menschen abschlachten, um ihre Herzen zu fressen« (S. 57). Solange es ihm auf dem Schloss

■ Poesie und Phantasie

29 Novalis, *Aphorismen,* zitiert nach: Bertold Heizmann / Theodor Pelster, *Arbeitsbuch Deutsch. Literaturepochen: Romantik,* München 1986, S. 15.

in Italien gut geht, fühlt er sich »wie ein verwunsche-
ner Prinz«, der nur »Tischchen deck dich!« (S. 53) zu
sagen braucht, wenn er einen Wunsch hat. Offensichtlich haben die Geschichten, die ihm seine »ver-
storbene Mutter von wilden Wäldern und martiali-
schen [kriegerischen] Räubern erzählte«, die Phantasie beflügelt und in ihm den Wunsch geweckt, »eine

■ Geschich-
ten = Orien-
tierung und
Inspiration

solche Geschichte selbst zu erleben« (S. 35). Auch über
Rom hat der Taugenichts »als Kind viele wunderbare
Geschichten gehört« (S. 60), die sich ihm zu einem
Bild zusammenfügen, das er abruft, als er in die Nähe
der ewigen Stadt kommt. Dieses Bild ist so kräftig,
dass es seine Wahrnehmung bestimmt und er, als er
auf die Stadt blickt, den Eindruck hat, »als ständen
wirklich die Engel in goldenen Gewändern auf den
Zinnen und sängen durch die stille Nacht herüber«
(S. 61). Die ihm bekannten Geschichten bestimmen
also die Perspektive des Taugenichts auf alles, was er
erlebt: Er nutzt sie sowohl als Vergleichspunkte, um
seine Erfahrungen einzuordnen, als auch als Inspira-
tionsquelle für eigene Handlungen.

■ Poesie als
Überhö-
hung der
Wirklichkeit

Poesie ist in der Lage, die Wirklichkeit zu überhö-
hen, d. h. sie zu verherrlichen oder zu verklären und
damit von der Realität zu entfernen. Ein einfaches
Beispiel im *Taugenichts* dafür ist, wenn die Mädchen
aus dem Dorf bei Wien einen Kreis um den zurück-
kehrenden Taugenichts schließen und ihm das Lied
»aus dem Freischützen« (S. 94) darbringen, das die
Verlobungsszene einleitet. Eine Überhöhung der
Wirklichkeit versuchen auch die Maler in Rom, die

das, was sie gesehen haben, »hinterdrein abzumalen« (S. 64) versuchen oder Kunstwerke in ein lebendes Bild verwandeln (S. 71). Den höchsten Grad der Poetisierung dürfte der Autor dort erreichen, wo er den wandernden Taugenichts Lieder singen oder hören lässt. Diese Lieder, die zunächst volksliedhaft einfach klingen und als zufälliges Beiwerk abgetan oder als patriotische Dokumente einer »Nationalseele« (S. 13) missverstanden werden könnten, enthalten, genauer betrachtet, wichtige Botschaften. Dies gilt, wie bereits gesagt, vor allem für das Eröffnungslied und Glaubensbekenntnis »Wem Gott will rechte Gunst erweisen« (S. 6). Als Variation dieses Glaubensbekenntnisses ist das Studentenlied »Nach Süden nun sich lenken« (S. 90) aufzufassen. Zwei Lieder – »Wohin ich geh und schaue« (S. 9, 13 f.) und »Wer in die Fremde will wandern« (54 f.) – handeln von der sehnenden Liebe. Das Lied »Schweigt der Menschen laute Lust«, das der Taugenichts zuerst in Italien hört und dann bei der Rückkehr im Garten des Schlosses (S. 93) wiedererkennt, thematisiert schließlich die Bedingungen und Möglichkeiten der Poetisierung selbst: Erst wenn der Mensch sich zurücknimmt, wenn er »schweigt«, wird er das Wunderbare vernehmen, das »die Erde« (S. 43) mitzuteilen hat. Dann wird er merken, dass jenseits dessen, was ihm »bewusst« ist, Mächte und Kräfte sind, die »leise Schauer« (S. 43, 93) wecken mögen. Die Poesie bietet die Möglichkeit, diese Kräfte spürbar zu machen und ursprüngliche Gegebenheiten von Welt, Natur und Leben wieder-

■ Lieder = höchster Grad der Poetisierung

85

zuempfinden, die fern von den Vorstellungen der Zivilisation liegen. In Liedern und in poetischer Gestaltung werden so »[a]lte Zeiten, linde Trauer« (S. 43, 93) gegenwärtig und nachvollziehbar.

Philister versus »Studenten«

Der Poetenmantel ist ein umstrittenes Kleidungsstück. Der Lobrede über die Liebe, die Graf Leonhard hält, stehen andere Stellungnahmen entgegen.

■ Die Philister-Predigt

Am deutlichsten fällt die »Predigt« (S. 8) des Gärtners aus, die Anweisungen enthält, wie der belehrte Taugenichts »nur fein nüchtern und arbeitsam sein, nicht in der Welt herumvagieren, keine brotlosen Künste und unnützes Zeug treiben solle, da könnt [er] es mit der Zeit auch einmal zu was Rechtem bringen« (S. 8). Diese Rede fasst in Kurzform das Lebenskonzept zusammen, das dem des Taugenichts entgegengesetzt ist und von dessen Prinzipien her der Müllerssohn zum »Taugenichts« erklärt wird. Ziel dieser Lebensauffassung ist, es »zu was Rechtem [zu] bringen« (S. 8). Gemeint sind ein Haus, eine einträgliche Stellung und Familie. Die bürgerlichen Tugenden – Arbeit, Ordnungssinn, Fleiß, Sparsamkeit, Zuverlässigkeit – sind Lebensgrundlage. Von Glück ist hier nicht die Rede; vor Reisen in die weite Welt wird gewarnt; Künste gelten als brotlos; Blumensträuße zu binden und zu offerieren, dürfte in die Kategorie »unnützes Zeug« (S. 8) fallen.

Sehr deutlich setzt sich der Ich-Erzähler von diesem Konzept ab. So »hübsche, gutgesetzte, nützliche Lehren« (S. 8) kann er nur in ironischer Distanz aufzählen. Er selbst hält möglichst Abstand von den Vertretern dieser Art, zu denen außer dem mürrischen Bauern auch der Gärtner und der Portier »in Staatskleidern« (S. 7) und mit »einer außerordentlich langen gebognen kurfürstlichen Nase im Gesicht« (S. 7 f.) und eben auch sein Vater, der Müller, gehören. Sie alle sind für ihn, zusammengefasst, Philister: eine Menschenart, für die die Romantiker nur Spott und Verachtung übrig hatten.

■ Romanti-
ker ≠ Phi-
lister

Gerade die, die in den Augen der Philister Taugenichtse sind, haben nach Ansicht der Romantiker den Sinn des Lebens begriffen. Zu ihnen gehören »die Herrn Studenten«, die »[a]uf ihren Instrumenten« spielen und wandernd »die Hüt' im Morgenstrahl« (S. 90) schwenken. Zu ihnen gehören auch die Künstler und Musikanten. Vor allem aber ist es der Ich-Erzähler selbst, der sogenannte »Taugenichts«, der in seinem Denken und Handeln ein Beispiel solcher Lebensart abgibt, wie von den Romantikern geschätzt.

■ Student-
Sein

»Philister-Sein« und »Student-Sein« scheinen sich ausschließende Gegensätze zu sein. Doch ist der Mensch weder zum einen noch zum andern geboren. Er durchläuft unterschiedliche Lebensstadien und muss seine Lebenskonzeption selbst finden und verantworten.

Der Taugenichts, der gerade erst der väterlichen Ordnungswelt entlaufen ist, sitzt bald vor seinem Einnehmerhäuschen »in Schlafrock und Schlafmütze«, den Attributen des Philisters, und raucht »Tabak aus dem längsten Rohre« (S. 15). Doch er kann sich gerade noch aus der Gefahr befreien, selbst zum Philister zu werden, und flieht nach Italien. Einer weiteren Verlockung, sesshaft zu werden und »[s]ein Glück [zu] machen« (S. 34), entgeht er unterwegs. Und doch merkt er, dass die, denen »die ganze Welt [...] offen« steht, häufig »ganz verlassen« (S. 84) sind. Er, der es als Lebenserfüllung ansieht, in die weite Welt zu wandern, stellt zugleich melancholisch fest: »Jeder hat sein Plätzchen auf der Erde ausgesteckt, hat seinen warmen Ofen, seine Tasse Kaffee, seine Frau, sein Glas Wein zu Abend, und ist so recht zufrieden [...]. – Mir ist's nirgends recht« (S. 22). Als er so zu sich spricht, hat er die Hauptstrecke seiner Wanderung und die meisten Komplikationen noch vor sich. Aber am Ende findet er doch sein Plätzchen und seine Frau.

■ Verlockungen, Schattenseiten

Es wird im Laufe der Erzählung deutlich, dass der Hauptgegensatz zwischen dem Philister und dem Studenten nicht darin besteht, dass der eine »zu Hause« bleibt und der andere »in die weite Welt« (S. 6) geht. Ein wichtigerer Gegensatz besteht darin, dass der Philister im Alltag befangen bleibt und nicht über seinen Horizont hinausschaut, während alle, die unter dem Leitwort »Student« zusammengefasst werden, Sinn für die »Wunder« (S. 6) der Schöpfung und für die Möglichkeiten der Poesie haben. Als Studenten dürfen sich Maler, Dichter, Sänger – eben alle wahren Künstler – ansehen.

■ »Studenten« haben Sinn für Wunder

Abb. 7: Der Taugenichts als Philister während seiner Zeit als
Zolleinnehmer. – Zeichnung von Hans Traxler aus der
illustrierten Ausgabe des Reclam Verlags, Stuttgart 2007 [u. ö.]

Wahre Künstler und »vazierende Genies«

■ Der wahre
Künstler

Kunst soll Ausdruck menschlicher Freiheit sein, zweckfrei und nicht auf Nutzen ausgerichtet. Beispielhaft verhält sich der Taugenichts unterwegs: »Ich befahl mich daher Gottes Führung, zog meine Violine hervor und spielte alle meine liebsten Stücke durch, dass es recht fröhlich in dem einsamen Walde erklang« (S. 30). Von Gott geleitet und Gott zu Ehren musiziert er auf seinem Instrument. Er ist nicht auf Verdienst aus und nicht von einem Publikum abhängig. Da er im Einklang mit sich und seinem Schöpfer ist, klingt fröhlich, was er spielt. Kunst ist ein Ausdruck von Lebens- und Daseinsfreude.

Aber nicht alles, was sich Kunst nennt, entspricht diesen Vorstellungen. Während der junge deutsche Maler, dem der Taugenichts in Rom Modell für den Hirten des Weihnachtsbildes steht, als Künstler anerkannt wird, distanziert sich der Erzähler von Herrn Eckbrecht, dem anderen Maler. Dieser hält sich für ein

■ »Vazierende
Genies«

Genie, hält verworrene Reden und möchte den Taugenichts wie sich selbst als »vazierende[ ] Genie[s]« (S. 76) einstufen. Der Taugenichts geht jedoch in Distanz zu diesem Eckbrecht und »seinem wilden Gerede« (S. 76).

Der Taugenichts dürfte nichts dagegen haben, auf Grund seiner Originalität und Spontaneität als eine Art Genie charakterisiert zu werden. Eine entsprechende Auszeichnung strebt er jedoch keineswegs an. Dagegen sieht er im Wandern nicht nur eine Art der

Fortbewegung, sondern eine Lebensform. Damit wird aber das, was er schreibt, nicht zur Vagantendichtung und er nicht zum »vazierenden Genie«. Das Partizip ›vagierend‹ geht letztlich auf das lateinische Verb *vagari* zurück und wird mit ›umherschweifen‹ übersetzt; das Adjektiv *vacuus* bedeutet ›leer, frei, müßig‹ und ist Ausgangspunkt für das Fremdwort *Vakanz*, das ›Ferien‹ oder ›freie Zeit‹ heißt. Der Taugenichts genießt die freie Zeit und die Ungebundenheit – aber nicht zum Müßiggang und zu sündhaftem Gebrauch, sondern zum Erleben von Gott und der Welt. Wie die Studenten die Vakanz, also die Ferien, die studienfreie Zeit nutzen oder nutzen sollten, die Welt kennenzulernen, so sieht auch der Taugenichts seine Aufgabe. Eckbrecht ist kein wahrer Künstler, sondern ein »vazierendes Genie«. Von ihm setzt sich der Taugenichts in seiner Kunstauffassung und in seiner Lebensvorstellung ab.

Dagegen fühlt er sich unter den musizierenden Studenten wohl. »Oboe«, »Klarinett« und »Waldhorn« (S. 81) passen als Begleitinstrumente zu seiner Geige. Auch in dem Wunsch, die Welt kennenzulernen, stimmen sie überein. Und doch besteht ein gradueller Unterschied zwischen den Studenten und dem Taugenichts: Die Studenten reisen aus Not über Land; sie sind darauf angewiesen, dass ihnen die Bauern, die Kleriker oder die höheren Herrschaften ein »Viatikum« (S. 81), d. h. »Geld oder Essen« (S. 82), geben. Daran ist nichts Verwerfliches; doch hebt sich der Taugenichts insofern von ihnen ab, als er für sein

Spiel eben kein Geld will, sondern eine »Stampe Wein« (S. 32). Er will anerkannt und geehrt sein, wie Könige Sänger ehren und lohnen. Während für die Studenten die Gefahr besteht, ihre Ferien, die »Vakanz« (S. 82), auszudehnen, weiterhin herumzuvagabundieren und eben doch zu vazierenden Genies zu werden, treibt es den Taugenichts zu seiner Geliebten. Er trägt – unsichtbar – den Poetenmantel, der den Studenten fehlt. Dieser Poetenmantel scheint ihn vor der Gefahr, seine umherziehende Lebenskonzeption auf Nutzen auszurichten, zu bewahren und verhilft ihm dahin zu gelangen, wo er sein Glück findet.

■ Der Schutz des Poetenmantels

Die Überwindung von Versuchungen und Gefahren

Die Entscheidung, »den lieben Gott […] walten« (S. 6) zu lassen, bewahrt den Taugenichts nicht davor, in kritische Situationen zu geraten. Mehrfach wird es dem Taugenichts »ordentlich grauslich« (S. 46). Das geschieht zunächst, als er, von den angeblichen Malern verlassen, von einem Postillon durch das Gebirge kutschiert wird und ihm zu Mute ist, »als führen wir in ein großes Grabgewölbe hinein« (S. 47). Die aus der Ferne rufenden »Käuzchen« (S. 47) verstärken die Ängste. »[G]anz grauslich« wird ihm auch, als er auf der Flucht aus dem italienischen Schloss von dem Studenten verfolgt wird, von dem er annimmt, »dass er verrückt« sei (S. 59). Eine bedeutend ernstere Gefahr droht ihm, bevor er nach Rom kommt. Er hat auf

■ Ängste

der letzten Strecke eine »einsame Heide« zu überwinden, auf der es still ist »wie im Grabe« (S. 61). Auch
hier schwirren »Nachtvögel« (S. 61) herum und ver-
breiten Ahnungen von Tod und Vergänglichkeit. Be-
drohlich wirkt auch die »Einsamkeit« (S. 61), deren
sich der Taugenichts bewusst wird. Die größte Angst
geht jedoch von der Sage aus, »dass hier eine uralte
Stadt und die Frau Venus begraben« liegen und dass ■ Frau Venus
»die alten Heiden zuweilen noch aus ihren Gräbern und
heraufsteigen und bei stiller Nacht über die Heide »die alten
gehn und die Wanderer verwirren« (S. 61). Wie der Heiden«
Taugenichts an das Walten göttlicher Mächte glaubt,
so fühlt er sich auch bedroht von den unterirdischen
Mächten der Nacht, in denen sich für ihn das Böse
verkörpert. Nur im festen Blick auf die Stadt, auf deren Zinnen er Engel zu sehen glaubt, überwindet er
die gefährliche Strecke. Er lässt sich nicht »anfechten«
und geht »immer grade fort« (S. 61). Sein Gottvertrau-
en bleibt unerschütterlich: gerade in kritischen Situationen befiehlt er seine »Seele dem lieben Gott«
(S. 60) und er ist sicher, dass dieser hilft.

Die Suche nach dem Glück

Vom Glück ist in Eichendorffs Novelle öfter die Rede: ■ Glück
»[A]uf gut Glück« (S. 36) ziehen der Taugenichts und haben
die »Maler« Guido und Leonhard in die Nacht hinaus,
ohne den Weg zu kennen, und kommen doch gut an;
sie trinken: »Auf eine glückliche Ankunft!« (S. 39);
später erkennt der Taugenichts, dass am gesuchten

Haus »[z]um Glück« (S. 74) eine Laterne brennt, so dass er sich orientieren kann. In all diesen Fällen werden günstige Umstände gepriesen, die man nicht selbst herbeiführen kann, die vielmehr auf Zufall beruhen oder von einer höheren Macht eingerichtet wurden.

■ **Vorstellung vom Glück**

Wenn der Taugenichts sich am Anfang eines neuen Lebensabschnitts von seinem Vater abwendet, um sein »Glück [zu] machen« (S. 5), so geht die Initiative von ihm selbst aus. Er geht los, um Lebensbedingungen zu suchen oder zu schaffen, die seinen Vorstellungen entsprechen. Sie müssten ganz anders gestaltet sein als die in der Mühle. Die Gedanken dürften sich auf Muße statt Arbeit, auf Freiheit statt Pflicht und auf unbekümmertes Leben statt Sorge richten. Dazu gehören noch unbeschränkte Freizeit, materieller Wohlstand und andauernde Heiterkeit.

■ **Erster Versuch von Glück**

Auf der ersten Station, in der Schlossgesellschaft, trifft der Taugenichts solche Umstände nicht an. In dem Augenblick, in dem er als Gärtnerbursche angestellt wird, vergleicht er sich mit einem »Vogel, dem die Flügel begossen worden sind« (S. 8). Immerhin ist er »Gott sei Dank, im Brote« (S. 8). Von Glück ist vorläufig jedoch nicht die Rede. Nicht die Beförderung zum Zolleinnehmer, sondern die Liebe zu der »schönen Frau« bedeutet für ihn »sein plötzliches Glück« (S. 16), das sich ihm aber als wechselhaft und launisch erweist. Er glaubt, »in den Ruinen [s]eines Glücks« (S. 25) zu sitzen, als er keine Chance zu sehen meint, von seiner Angebeteten beachtet zu werden.

Die Flucht aus dem vermeintlichen Unglück treibt ihn weiter in die Welt hinaus. Zweimal scheinen sich nun Gelegenheiten zu bieten, das große Glück zu machen. Als ihm das Mädchen in dem Dorf, in dem er so erfolgreich aufgespielt hat, Wein und später eine Rose schenkt und beiläufig erwähnt, dass ihr Vater »sehr reich« (S. 33) sei, bemerkt er: »[...] ich konnte da mein Glück machen, eh man die Hand umkehrte« (S. 34). Doch die Gedanken an »die gnädige Frau« (S. 34) und die plötzlich auftauchenden Reiter unterbinden weitere Überlegungen. Auch die Verlockungen der römischen Gräfin sind eindeutig. Von ihrem Standpunkt aus betrachtet, hat die Kammerjungfer sicher Recht, wenn sie dem Taugenichts vorhält: »[...] du trittst dein Glück ordentlich mit Füßen« (S. 79). Bei der Gräfin könnte der Taugenichts alles haben, was aus der Sicht der Kammerjungfer für einen jungen Mann als wünschenswert erscheint.

■ Zwei weitere Versuche

Doch die Vorstellungen und das Empfinden von Glück haben sich für den Taugenichts längst gewandelt. Seit jenem Tag, als er glaubte, dass seine Geliebte von ihm einen Blumenstrauß erbeten habe, also er glaubte, dass seine Liebe bemerkt und möglicherweise erwidert würde, hat das Wort Glück für ihn einen anderen Inhalt bekommen. Wenn er sich erinnert: »Ach, ich war so glücklich!« (S. 21), so hat er entdeckt, dass glücklich zu sein etwas anderes meint, als Glück zu haben. Lieben und zugleich geliebt werden macht jenen Zustand aus, der jetzt mit ›glücklich sein‹ umschrieben wird. Genau an diesen kurzen Augenblick

■ Das größte Glück

wird sich der Taugenichts während seiner Flucht-Reise erinnern; nämlich an »die schöne alte Zeit«, als er »so glückselig war« (S. 62), und an jenen »glückseligen Sonnabend« (S. 72), an dem er glaubte, von seiner Geliebten eine Flasche Wein erhalten zu haben. Solange er die Missverständnisse nicht durchschaut und solange ihm nicht bewusst ist, dass eine höhere Macht ihn lenkt und er beschützt und gewärmt wird durch einen »Poetenmantel«, so lange denkt er in Melancholie an jene Zeit. Alles aber wird aufgelöst durch die Rede von Graf Leonhard und den letztgültigen Appell: »[...] liebt euch wie die Kaninchen und seid glücklich!« (S. 95).

Damit kann eine neue Lebensphase beginnen. Die Suche nach dem Glück kann als abgeschlossen gelten. Vorläufig, so lautet der Schluss, »war alles, alles gut!« (S. 101). Wie dieser Zustand, glücklich zu sein, in einem gemeinsamen Leben zu halten ist, bleibt eine offene Frage. Gerne wüsste man, ob der Erzähler mit dem »Ach« in seinem Ausruf »Ach, ich war so glücklich« (S. 21) andeutet, dass sich seine Lebenssituation schon wieder geändert hat. Über seine konkrete Erzählsituation lässt er den Leser im Unklaren. Hat er möglicherweise erfahren, was Glück ist, dieses aber wieder verloren? Erzählt er, wie sein Glück anfing – froh, weil es anhielt, oder resignativ, weil es vergangen ist?

■ Glücklich bis ans Lebensende?

7. Autor und Zeit

Biographie

Auf Schloss Lubowitz bei Ratibor in Oberschlesien ■ Herkunft
wird am 10. März 1788 – also ein Jahr vor der Französischen Revolution – als zweiter Sohn seiner Eltern Joseph Karl Benedikt Freiherr von Eichendorff geboren. Er gehört somit durch seine Geburt dem schlesischen Landadel an. Die Vorfahren der ursprünglich weit verzweigten Familie hatten ihre Sitze bis zum Dreißigjährigen Krieg in der Umgebung von Magdeburg und in der Mark Brandenburg – zum Teil unter dem Namen Ykendorp – und wandten sich in der Folge nach Schlesien und Mähren. Schlesien, das in seiner wechselvollen Geschichte schon unter polnischem und böhmischem Einfluss gestanden und seit 1526 dem Reich der Habsburger angehört hatte, die vor allem die katholische Sache vertraten, war 1740 von dem jungen Preußenkönig Friedrich II. erobert worden, der seine Eroberung in zwei weiteren schlesischen Kriegen 1742 und 1756–63 behauptete. Adolf Theodor Rudolf von Eichendorff, der Vater des Dichters, 1756 in der Nähe von Lubowitz geboren, war Offizier im Heer des preußischen Königs, nahm aber 1784 seinen Abschied und vermählte sich mit Karoline von Kloch, Tochter des Majors Karl Wentzel von Kloch.

Joseph von Eichendorff wächst also in einer Umgebung auf, die über Jahrhunderte habsburgisch geprägt wurde, die leuchtende Zeichen des Barockzeitalters aufwies, die geistig auf Wien und Prag ausgerichtet war, in der sich ebenso viele Leute auf Polnisch wie auf Deutsch verständigten – auch der Dichter sprach Polnisch wie eine zweite Muttersprache –, die nun aber preußisch regiert und verwaltet wurde.

Zusammen mit seinem zwei Jahre älteren Bruder erlebt Joseph von Eichendorff in der Abgeschiedenheit der Familiengüter eine glückliche Kindheit in einem katholischen, aber nicht übertrieben strengen Haus, in dem man Raum und Zeit für Feste und Verständnis für phantasievolle Streiche hat. Schloss Lubowitz bleibt auch dann Heimat und Fluchtpunkt, als die Brüder 1801 in das Matthias-Gymnasium in Breslau eintreten und dort im St. Josephs-Konvikt wohnen, und auch später noch, als sie zwischen 1805 und 1808 zunächst in Halle, dann in Heidelberg Jura studieren. Europa war zu der Zeit von Krieg überzogen – vom revolutionären Frankreich ausgehend, dann gegen Frankreich gerichtet.

Halle ist in jenen Tagen ein Treffpunkt der jungen Romantiker. In Heidelberg treffen die Brüder später mit Achim von Arnim und den Geschwistern Brentano zusammen und hören beeindruckende Vorlesungen über Philosophie und Ästhetik bei Joseph Görres. Sowohl der Harz wie auch die Rheingegend hatte Gelegenheit zu einprägsamen Wanderungen gegeben. Als die Brüder Eichendorff nach Abschluss ihrer Studien und nach einer bei jungen Adligen der Zeit üblichen Bildungsreise nach Lubowitz zurückkehren, sol-

■ Glückliche Kindheit

■ Jurastudium

Abb. 8: *Joseph Freiherr von Eichendorff*, radiertes Porträt
von Eduard Eichens, 1841. – Wikipedia: © Foto H.-P. Haack /
CC BY-SA 3.0

len sie den Vater als Ökonomen unterstützen und ihm helfen, die in wirtschaftliche Bedrängnis geratenen Güter zu retten.

Schon lange war deutlich geworden, dass der Traum des Vaters von einem gesicherten reichen Familienbesitz bedroht war. Die napoleonischen Kriege, in deren Verlauf Preußen 1806 bei Jena und Auerstedt vernichtend geschlagen wurde, hatten Auswirkungen bis Schlesien. Kriegslasten und schlechte Geschäftsführung sind Ursachen für den langsamen Niedergang. Zwar wird es noch eine Zeit dauern, bis die Güter in Lubowitz 1823, in Radoschau 1824 und in Slawikau 1831 versteigert werden, doch ist schon 1810 klar, dass sich die Brüder Eichendorff nicht auf ein Erbe verlassen dürfen, sondern einen ›Brotberuf‹ anstreben müssen. Eine Möglichkeit, die Situation zu retten, hätte darin bestehen können, »reich zu heiraten«. Es hätte für den jüngeren Sohn der Eichendorffs eine solche Möglichkeit gegeben, zu der vor allem die Mutter drängte; doch Joseph von Eichendorff verliebt sich 1809 in die vier Jahre jüngere Aloysia Anna Viktoria von Larisch und bleibt ihr entgegen allen Widrigkeiten treu. Eichendorff beschreibt sie als »schön, geistreich, lebhaft und frohgelaunt«[30], aber unbegütert, arm. Das führt zum Konflikt mit den Eltern; trotzdem lassen sich die beiden – in Abwesenheit der Eltern – am 7. April 1815 in der Breslauer Vinzenzkirche

■ Verschuldung des Familienbesitzes

■ Ehe mit Aloysia von Larisch

30 Joseph von Eichendorff, zitiert nach: Paul Stöcklein, *Joseph von Eichendorff in Selbstzeugnissen und Bilddokumenten*, Reinbek bei Hamburg 1965, S. 84.

trauen. Sie führen eine lebenslange, 40 Jahre währende, glückliche Ehe.

Für Adlige der damaligen Zeit war es nicht üblich, die Studien mit einem Examen abzuschließen. Als die Brüder Eichendorff jedoch eine Berufsstellung anstreben, müssen sie Universitätsprüfungen nachholen. Sie gehen nach Wien und bereiten sich unter äußerst beengten finanziellen Bedingungen auf die Referendarprüfung vor, die sich fast ein Jahr hinzieht und die sie 1812 mit Auszeichnung bestehen. Wilhelm, der ältere Bruder, erhält etwas später als Jurist eine Stelle in Innsbruck, danach im italienischen Trient und blieb in österreichischen Diensten. Damit trennen sich die Wege der Brüder. Joseph von Eichendorff hält es für seine Pflicht, sich dem Befreiungsheer gegen Napoleon anzuschließen, und ist von Frühjahr 1813 bis zum Januar 1816 Soldat, »mehr von Seuchengefahr als von Kriegsgefahr bedroht«.[31]

■ Wien

Schon während der Kriegszeit bemüht er sich um eine Stelle. Doch alle Bemühungen schlagen fehl: Sofort nach dem Examen versucht er als Jurist eine Anstellung in Österreich zu erhalten; dann hofft er auf eine Anstellung als Geschichtslehrer in einem Erziehungsinstitut; er bittet Freunde, ihn bei den Diplomaten des Wiener Kongresses zu empfehlen; später bemüht er sich um eine Stelle im bayerischen Staatsdienst. Doch nichts gerät nach Wunsch. So entschließt er sich 1816, inzwischen verheiratet und Vater

■ Eintritt in den Staatsdienst

31 Stöcklein (s. Anm. 30), S. 100.

eines Sohnes, in den preußischen Verwaltungsdienst einzutreten. Er wird Referendar in Breslau, muss aber noch eine Eignungsprüfung ablegen, da die Wiener Examina nicht anerkannt werden. Er besteht 1819 die Assessor-Prüfung in Berlin und wird für geeignet gehalten »zur Verwaltung einer Ratsstelle bei einem Regierungs-Collegio«[32]. Als Katholik hat er im preußischen Staat kaum Aufstiegschancen: Er wird ein Leben lang Regierungsrat bleiben – zuerst in Danzig, dann in Königsberg, schließlich im Kultusministerium in Berlin. Häufig ist er krank und bittet wiederholt um seine Pensionierung; er erhält sie zum 1. Juli 1844; da ist er 56 Jahre alt. Er stirbt am 26. November 1857 im oberschlesischen Neiße im Haus seiner Tochter, zwei Jahre nach dem Tod seiner Frau.

■ Tod

Die Umwälzungen der Zeit waren wohl letzten Endes Ursache dafür, dass sich bei diesem bedeutenden Dichter der Spätromantik so viele ursprünglich berechtigte Hoffnungen und Lebenserwartungen zerschlugen. Trotz aller Enttäuschungen ist die Dichtung Eichendorffs frei von Pessimismus und revolutionärem Aufbegehren. Im Gegenteil: Kunst und Literatur bilden einen Pol der Freiheit als Gegenpol zu der Welt der Sorge und der menschlichen Beschränkungen. Nicht unbedingt zur Freude der Eltern, die sowohl Josephs Neigung zur Poesie wie auch Wilhelms Bemühungen in der Musik für unstandesgemäß hielten, schreibt der jüngere Bruder als Zehn-

■ Werk

32 Stöcklein (s. Anm. 30), S. 84.

jähriger bereits ein Drama, als Sechzehnjähriger in der *Zeitschrift für Wissenschaft und Kunst* unter dem Pseudonym »Florens« Gedichte, sucht in Halle und Berlin und besonders intensiv in Heidelberg Kontakt zu den führenden Literaten seiner Zeit und schreibt zeitgleich mit seinen Vorbereitungen zum Examen in Wien seinen großen ersten Roman *Ahnung und Gegenwart*, der allerdings erst 1815 erscheint, als die Krisenzeit, die er beschreibt, schon Geschichte ist. Später führt er ein Doppelleben, indem er seine Berufspflichten sachlich korrekt erfüllt und sich daneben eine Einsiedelei aufbaut, geprägt von Familien- und Dichterglück. Der Novelle *Aus dem Leben eines Taugenichts*, 1817 in Breslau begonnen und wahrscheinlich 1823 in Danzig abgeschlossen, merkt man nicht an, dass sie von einem Autor geschrieben wurde, der sich zunächst auf eine preußische Beamtenlaufbahn vorbereitet und dann pflichtmäßig seinen Dienst in einem Kreis von Leuten tut, die er als »Philister«, d. h. als Spießer und Bürokraten, innerlich ablehnt.

Hauptwerke

1815 *Ahnung und Gegenwart.* Roman. Der junge Graf Friedrich begibt sich nach Abschluss seiner Studien auf eine Reise, um das Leben kennenzulernen. Er trifft auf Menschen unterschiedlicher Art, erlebt Abenteuer, nimmt an den Befreiungskriegen teil, geht für eine Zeit ins Kloster. Am Ende kehrt er zu seiner Familie zurück und wendet sich von der großen Welt ab.

1818 *Das Marmorbild.* Novelle. Florio, ein junger Dichter, begegnet auf der Reise nach Lucca dem Sänger Fortunato, der ihn mit den erlösenden, aber auch mit den dämonischen Kräften der Poesie bekannt macht.

1824 *Krieg den Philistern.* Dramatisches Märchen.

1826 *Aus dem Leben eines Taugenichts.* Novelle.

1826/37 *Lyriksammlungen.* Die erste Sammelausgabe der Eichendorff'schen Gedichte erscheint 1826 als Anhang zu der Veröffentlichung des *Taugenichts* und des *Marmorbilds.* Eine eigene Ausgabe *Gedichte* wird 1837 veröffentlicht. Die Lieder und Gedichte, die vorwiegend von »Trennung« und »Wiederfinden«, von »Heimweh« und »Erinnerung an die schöne alte Zeit« handeln, wurden hauptsächlich durch Vertonungen verbreitet. Allein aus der zweiten Hälfte des 19. Jahrhunderts liegen etwa 5000 Eichendorff- Vertonungen vor.

1833 *Die Freier.* Lustspiel in drei Aufzügen. Graf Leonhard führt nach einer Reihe von Missverständnissen und Verwechslungen Gräfin Adele, die als Männerhasserin galt, zum Traualtar; die Kammerzofe Flora, eine weitere Figur des Verwirrspiels, heiratet den Jäger.

1834 *Dichter und ihre Gesellen.* Roman. Fortunat, der einst in Heidelberg studierte, bewegt Walter, der inzwischen eine Beamtenstelle hat, ehemalige Freunde zu besuchen. Auf der Reise treffen sie mit jungen Leuten zusammen, die ihre Anlagen auf unterschiedliche Art entwickeln: Der eine geht in der Poesie auf, der andere betrachtet sie als Zeitvertreib; ein weiterer wendet sich völlig ab, heiratet und freut sich seines sicheren Beamtendaseins.

8. Rezeption

■ Urteil von
Hermann
Hesse und
Thomas
Mann

Im *Taugenichts* wurde früh ein »Abbild der romantischen Poesie«[33] gesehen: Das Urteil galt sowohl der Art des novellistischen Erzählens als auch der Welt- und Lebensvorstellung des Titelhelden. In diesem Text, der nach Hermann Hesses Urteil zur Weltliteratur[34] gezählt werden muss, ist, laut Thomas Mann, »eine betörende Essenz der Romantik«[35] enthalten. Mit dieser Einschätzung wird nicht nur eine Epochenzuordnung gegeben, sondern auch eine Lebensauffassung bewertet. Diese wird jedoch nicht von allen geteilt.

■ Vorbild
oder Parasit
der Gesell-
schaft?

Während Thomas Mann im Taugenichts ein »Symbol reiner Menschlichkeit« sieht,[36] wird er von anderen eher als Ausnahmeerscheinung gesehen – »ein gutmütiger Schwärmer, ein kindischer Träumer, ein poetischer Hans Ohnesorge«[37]. Aus norddeutsch-preußischem Blickwinkel gibt man zu bedenken, dass »nur ein Oestreicher« solch »ein ewiges Sonntagsleben«[38] führen könne. Als Sonntagskind schätzt man den Taugenichts positiv ein, für den Alltag ist er untauglich. Die Frage, ob der Taugenichts ein Vorbild

33 Karl Rosenkranz, zitiert nach: Schultz (s. Anm. 15), S. 66.
34 Schultz (s. Anm. 15), S. 80.
35 Thomas Mann, *Betrachtungen eines Unpolitischen*, in: *Gesammelte Werke in Einzelbänden*, hrsg. von Peter de Mendelssohn, Frankfurt a. M. 1983, S. 377.
36 Ebd., S. 382.
37 *Allgemeine Literatur-Zeitung* (1827), zitiert nach: Schultz (s. Anm. 15), S. 65.
38 Willibald Alexis, zitiert nach: Schultz (s. Anm. 15), S. 62.

wahrer Menschlichkeit oder ein Parasit der Gesellschaft ist, zieht sich durch die Zeiten.

Ein weiterer Diskussionspunkt ist mit der Behauptung aufgeworfen, dass Eichendorff mit seiner Dichtung »das echte, deutsche Gemüt«[39] angesprochen habe. Sogar Theodor Fontane sieht im Taugenichts »eine Verkörperung des deutschen Gemüts«[40]; und Thomas Mann setzt das Ausrufezeichen: »[...] wahrhaftig, der deutsche Mensch!«[41] Dabei bezieht man sich auf die Freude des Taugenichts, als er den Maler in Rom »so unverhofft Deutsch sprechen« (S. 64) hört und er mit diesem ein Vivat auf »unser kühlgrünes Deutschland« (S. 65) ausbringt. Doch sagt das nicht mehr, als dass er sich freut, in der Fremde einen Landsmann zu treffen. Bei der Heimkehr ist er genauer und singt »Vivat Östreich« (S. 81), als er die heimatlichen Berge sieht.

■ Deutsches Gemüt

Die Rede von dem deutschen Menschen und dem angeblich so deutschen Gemüt ist in Zeiten nationaler Begeisterung und nationalsozialistischer Verirrung besonders gern aufgenommen worden. Man lobte an dem Taugenichts, dass er sich von dem Welschen, also der romanisch bestimmten Kultur, abwandte und unverständliche Sprachformen als Kauderwelsch abtat. Den jungen Wandersmann beanspruchten die Führer

■ *Der Taugenichts* im Nationalsozialismus

---

39 Oskar Ludwig Bernhard Wolff, *Allgemeine Geschichte des Romans, von dessen Ursprung bis zur neuesten Zeit*, Jena 1841, S. 520.

40 Theodor Fontane, zitiert nach: Schultz (s. Anm. 15), S. 68.

41 Mann (s. Anm. 35), S. 381.

nationalsozialistischer Jungen für sich. Seine Lieder ließen sie auf Fahrten und Wanderungen singen.

Damit übernahmen sie allerdings nur einen Brauch, den die »Wandervogelbewegung« am Anfang des 20. Jahrhunderts aufgebracht hatte. Diese Jugendbewegung, die sich gegen die überzogen zivilisierte und technisierte Welt wandte, die den Städten den Rücken kehrte und hinaus in die Natur strebte, hatte den Taugenichts schon vorher als ihr Ideal entdeckt. Der alte Gegensatz wurde aktiviert: Den Bürgern und Philistern, den in die Gesellschaft eingebundenen Vätern und den Erziehern, die zu Arbeitsamkeit und Pflichtbewusstsein aufriefen, wurde der Taugenichts entgegengehalten, der jung und unbekümmert in die Welt zieht und sein Glück macht. Damit wird der Taugenichts zu einer Leitfigur, die bei Bedarf hervorzuholen ist. Aussteiger unterschiedlicher Art wie die »Flower people«, die sogenannten »Blumenkinder« der sechziger Jahre, und die »Drop-outs« der Achtziger bezogen sich direkt oder indirekt auf den Taugenichts und seine Nachfolger.

Längst hatten sich Geistes- und Seelenverwandte dem Taugenichts zugesellt. Zu den bekanntesten gehören die Protagonisten »Peter Camenzind« und »Knulp« aus Hermann Hesses gleichnamigen Werken (1904 und 1915) sowie der »liebe Augustin« von Horst Wolfram Geißler (1921). Als entfernte Verwandte dürfen auch die Hauptfiguren in den Romanen *Der Fänger im Roggen* (1951) von J. D. Salinger und *Die neuen Leiden des jungen W.* (1972) von Ulrich Plenz-

Idol für Wandervogelbewegung

Der Taugenichts, Flower people, Drop-outs …

… und andere Geistes- und Seelenverwandte

dorf angesehen werden. Sie haben wie der Taugenichts einst große Sympathien vor allem beim jugendlichen Publikum gefunden. Vorgeworfen wird all »diesen romantisierenden Vagabundenbüchern« aber, dass sie völlig unkritisch »ein vages, verschwommenes, leicht erotisiertes, aber liebenswürdiges Lebenspathos« verkünden, »mit dem sich sogar der Geringste und Ungebildetste identifizieren konnte«[42]. Dieses Urteil darf durchaus als Provokation verstanden werden, die zur Diskussion herausfordert: Sind die genannten Romane – mit Einschluss des *Taugenichts* – tatsächlich nur »Antibildungs- oder Antientwicklungsromane«[43], aus denen nichts zu lernen ist?

Ob bei der Auseinandersetzung die Nach- und Weiterdichtungen der Eichendorff'schen Novelle helfen, ist fraglich. Weder der Ballettentwurf, den Hugo von Hofmannsthal dem Novellentext nachgestaltete,[44] noch der »Jahresroman« *Aus dem Leben eines Taugenichts* (1972), den Günter Bruno Fuchs »Seiner Exzellenz Joseph Freiherrn von Eichendorff in aufrechter Verbeugung«[45] widmete, noch die drei Verfilmungen[46], die der Text erfuhr, können die Dis- ■ Verfilmungen

---

42 Jost Hermand, »Der ›neuromantische‹ Seelenvagabund«, in: *Das Nachleben der Romantik in der modernen deutschen Literatur. Die Vorträge des Zweiten Kolloquiums in Amherst/ Massachusetts*, hrsg. von Wolfgang Paulsen, Heidelberg 1969, S. 95–115, hier S. 98.
43 Ebd., S. 112.
44 Schultz (s. Anm. 15), S. 70.
45 Heizmann/Pelster (s. Anm. 29), S. 145.
46 Schultz (s. Anm. 15), S. 105–111.

kussion erheblich weiterbringen. Sogar der zuletzt, nämlich 1978, gedrehte Film *Taugenichts*, von dem es hieß, dass er »als niveauvolle und fruchtbare Auseinandersetzung mit dem Novellentext ernst genommen werden«[47] müsse, scheint inzwischen veraltet. Das, was 1978 beanspruchen konnte, aktuell zu sein, wirkt überholt. Der Film kann nicht mehr zur produktiven Auseinandersetzung mit dem Text herangezogen werden, da er die Kritik ganz auf sich selbst zieht und die Ursprünge vergessen lässt.

Autoren und ihre Texte können auch auf andere, künstlerische Weise rezensiert oder beschrieben werden – beispielsweise in einem eigenen literarischen Werk. Wenn Dichter über Dichter schreiben, so machen sie zugleich Aussagen über sich und den andern, über die literarische Situation der eigenen und der früheren Zeit, zugleich aber über die Möglichkeiten, die in jeglicher Poesie enthalten sind. Dies zeigt etwa das folgende Gedicht des deutschen Dichters Enzensberger aus dem Jahre 2000 über Joseph von Eichendorff:

■ Eichendorff heute

HANS MAGNUS ENZENSBERGER

Vor dem Techno und danach

Der Herr v. Eichendorff
hat sich nicht erschossen.
Der Herr v. Eichendorff

47 Sabine Westenberger-Mayer, *Eichendorffs »Taugenichts«. Eine Verfilmung und ihre Textgrundlage*, Mainz 1989; zitiert nach: Schultz (s. Anm. 15), S. 109.

kokste nicht, kam ohne Duelle
und ohne Quickies aus.
Der Herr v. Eichendorff
sprach fließend polnisch.
Sein Ehrgeiz hielt sich in Grenzen.
Der Herr v. Eichendorff –
schwache Lunge, Hilfsarbeiter
in preußischen Ministerien,
dreißig Jahre lang –
träumte von Waldhörnern
in seinem Büro, taugte
und taugte nicht,
lebte unauffällig, starb
und hinterließ ein paar Zeilen,
haltbarer als die morschen Ziegel
von Lubowitz, heutigen Tags
Rzeczpopolita Polska,
im tauben Ohr unsrer Kinder:
nur ein paar Zeilen,
die ihnen eines Tages,
wenn sie in Rente gehen,
vielleicht etwas Weiches,
Unbekanntes zu fühlen geben,
das früher Wehmut hieß.[48]

48 Hans Magnus Enzensberger, »Vor dem Techno und danach«,
in: H. M. E., *Gedichte. 1950–2010*, Berlin 2010, S. 200. –
© Suhrkamp Verlag Berlin 2010. Alle Rechte bei und vorbe-
halten durch Suhrkamp Verlag Berlin.

9. Prüfungsaufgaben mit Lösungshinweisen

Leser, die einen zusammenhängenden Text gelesen haben, können über den Gang der Handlung und über die vorgestellten Figuren Auskunft geben. Damit zeigen sie, dass sie das Gelesene grob verstanden haben. Der Prozess des Verstehens ist damit jedoch noch nicht abgeschlossen. Für eine tiefergehende Auseinandersetzung mit dem Text gibt es verschiedene Verfahren, die den Prozess des Verstehens vorantreiben können. Dazu gehören beispielsweise die Charakterisierung einzelner Figuren sowie die Analyse und Interpretation ausgewählter Textabschnitte oder einzelner besonders markanter Sätze. Hilfreich kann auch die Erörterung von bestimmten Themen oder Problemfragen sein.

Aufgabe 1: Literarische Charakterisierung

Das Wesen einer Figur in einem literarischen Text erschließt sich erst im Laufe des gesamten dargebotenen Geschehens. Empfehlenswert ist, zunächst die im Text gegebenen Daten der zu charakterisierenden Figur wie Name, Geschlecht, Alter, Herkunft und soziale Stellung zusammenzutragen.

Aus Handlungen und Gesprächen lassen sich dann Schlüsse auf Charaktereigenschaften, auf Wertvorstellungen und Welt- und Lebensanschauungen ziehen. Neben der Selbsteinschätzung der Figur verdienen die Aussagen der anderen Handlungsträger über die zu charakterisierende Figur Beachtung.

*Am Ende wird man die charakterisierte Figur in die Ge-
samtkonstellation der handelnden Figuren einfügen.*

Arbeitsauftrag

Charakterisieren Sie die Figur des jungen Malers,
den der Taugenichts in Rom trifft, auf der Grundlage
eines Textauszugs aus dem fiktiv autobiographischen Text *Aus dem Leben eines Taugenichts.* (Sie-
bentes Kapitel: S. 64,26 – »›So so!‹, versetzte der junge Mann …« – bis S. 68,16 – »… mehr erfahren!«.)

Lösungshinweise

Einleitung:
- Beschreiben Sie in knapper Form – nachdem Sie den
  Autor und den Titel des Textes genannt haben –, wo
  und unter welchen Umständen der Erzähler auf den
  Maler gestoßen ist.

Figurendaten:
- Nationalität, Beruf, Wohnort, lebensgeschichtliche
  Daten

Welche **Auffassung von Kunst** vertritt der junge Maler?
- Wie wird die Werkstatt des Malers beschrieben? Wie
  ist sie eingerichtet, welchen Ausblick zeigt sie, was
  zeichnet sie aus?

- Wie formuliert der Maler seine Lebens- und Kunstauffassung gegenüber dem Taugenichts?
- Beschreiben Sie die Werke des Malers. Welche Motive zeigen diese, wie sind sie ausgestaltet?

Welche **Charaktereigenschaften** fallen beim Maler im Umgang mit dem Taugenichts auf?

- Begegnet der Maler dem Taugenichts eher zurückhaltend oder hilfsbereit und gastfreundlich?
- Wie steht der Maler seinem Heimatland gegenüber? Vermisst er es oder ist er froh, es verlassen zu haben?
- Wird der Maler als organisiert oder als chaotisch beschrieben?
- Ist er eher humorvoll und fröhlich oder ernst?

Zusammenfassende Beurteilung:

- Stellt der Maler für Sie eine positive oder eine negative Figur dar?
- Welchen Typ eines darstellenden Künstlers verkörpert er?
- Welche Parallelen lassen sich zwischen dem Maler und dem Taugenichts ziehen? Was unterscheidet sie voneinander?
- Welche Rolle nimmt der Maler für den Taugenichts ein? Wie beeinflusst dieser seine Entscheidungen und das weitere Geschehen?

Aufgabe 2: Interpretation eines Erzählabschnitts

Sinn einer Interpretation ist es, einen literarischen Text möglichst eindringlich zu verstehen, das Verstandene zu erklären, zu deuten und somit zu weiterführenden Erkenntnissen zu gelangen. Ziel der Analyse und Interpretation einzelner Textabschnitte ist immer, im Verständnis des Textganzen einen Schritt weiterzukommen. Andererseits ist zu beachten, dass auch zur Interpretation kleiner Textabschnitte ein Vorverständnis des Textganzen Voraussetzung ist.

Arbeitsauftrag

Analysieren und interpretieren Sie den Textabschnitt, in dem sich der Taugenichts mit dem Portier unterhält. (Zweites Kapitel: S. 15,21 – »Ich bezog …« – bis S. 17,21 – »… rasend geworden«.)

Lösungshinweise

Einleitung:
- Ordnen Sie – nachdem Sie sich über den Autor und den Titel der Novelle informiert haben –, den Abschnitt in den Gesamtzusammenhang der Geschichte ein, indem Sie eine kurze Inhaltsangabe der Erzählung geben.

Analyse des Textabschnitts:
- Ort und Zeit: In welcher Situation findet das Gespräch zwischen dem Taugenichts und dem Portier statt?

- Beziehungsverhältnis: Wie stehen die miteinander redenden Figuren zueinander? Welche Positionen nehmen der Taugenichts und der Portier in der Hierarchie des Schlosspersonals ein?
- Das Thema des Gesprächs
- Wie unterscheiden sich die Welt- und Lebensauffassungen der beiden Figuren voneinander?
  - Beschreiben Sie die Thesen und Handlungsweisen des Taugenichts.
  - Beschreiben Sie die Thesen und Begründungen des Portiers.
- Wie endet der Textauszug?

Interpretation des Textabschnitts:
- Welche Auswirkungen hat das Gespräch auf den Taugenichts?
- Was sagt der Textauszug über die Figurenkonstellation in der Geschichte aus, welche Persönlichkeiten und Lebensauffassungen stellt er einander gegenüber?
- Welchen Stellenwert stellt der Textabschnitt für den Gesamttext dar?

Aufgabe 3: Erörterung einer Problemfrage

Probleme werden bewusst, wenn unterschiedliche Meinungen zu einem Sachverhalt, einer Figur, einem Gegenstand oder zu einem Urteil aufeinandertreffen. Meist ist die Erörterung einer solchen Problemfrage an eine bestimmte Situation gebunden und konkretisiert sich dann in Fragen wie »Ist das, was in der Zeitung steht, wahr oder nicht wahr? Ist das Gedicht, das vorgetragen wird, schön oder nicht? Oder: Ist das Urteil, das gesprochen wurde, gerecht oder ungerecht?«

Die Erörterung wird mit Argumenten geführt. Ziel ist es, Übereinstimmung zu finden. Gelingt das nicht, so wird man nach einem Kompromiss suchen oder durch eine Abstimmung den Abschluss des Diskurses herbeizuführen suchen.

Arbeitsauftrag

In literaturwissenschaftlichen Abhandlungen wird vermutet, dass Eichendorff seinen Helden namens »Taugenichts« absichtlich als Gegen-Philister konzipiert hat. Diskutieren Sie die in der Novelle angelegte Kritik an der Lebensauffassung eines Philisters.

Lösungshinweise

Begriffserklärung:
Erklären Sie mit Hilfe von Sekundärtexten den von den Romantikern verwendeten Begriff ›Philister‹.

Wortgebrauch:
• Untersuchen Sie, inwieweit das Wort ›Philister‹ noch heute gebräuchlich ist. Gibt es sinnverwandte Wörter, mit denen der gemeinte Sachverhalt in der Gegenwartssprache benannt wird?

Bezug zum Erzähltext:

- Beziehen Sie den Begriff ›Philister‹ auf die im Erzähltext behandelten Figuren: Welche der Figuren stellt einen Philister dar und warum?

Diskussionsvorschlag:

- Nennen Sie negative, aber auch positive Eigenschaften eines Philisters. Nennen Sie positive und negative Eigenschaften des Taugenichts.
- Worin unterscheidet sich der Taugenichts am meisten von den Philistern?
- Teilen Sie die Welt- und Lebensauffassung des Erzählers oder stehen Sie ihr kritisch gegenüber?

10. Literaturhinweise/Medienempfehlungen

Textausgaben

Als Gesamtausgabe von Joseph von Eichendorffs Werken empfiehlt sich:

Joseph von Eichendorff: Sämtliche Werke. Historisch-kritische Ausgabe. Begründet von Wilhelm Kosch und August Sauer. Fortgef. und hrsg. von Hermann Kunisch und Helmut Koopmann. Berlin/Boston: De Gruyter, 1908 [u. ö.].

Die Erzählung *Aus dem Leben eines Taugenichts* liegt in mehreren Einzel- und Taschenbuchausgaben vor. Im vorliegenden Band wird nach der Reclam-Ausgabe zitiert:

Joseph von Eichendorff: Aus dem Leben eines Taugenichts. Hrsg. von Max Kämper. Stuttgart: Reclam, 2015. (Reclam XL. Text und Kontext. 19238.) – *Reformierte Rechtschreibung.*

Erläuterungen und Interpretationen zu *Aus dem Leben eines Taugenichts*

Unter den vielen Abhandlungen und Interpretationen, die Eichendorffs Werk – und insbesondere sein *Taugenichts* – erfahren hat, ragen die Arbeiten des Literaturwissenschaftlers Otto Eberhardt heraus. Eberhardt überschreitet den Horizont des vom Autor vorgegebenen Textes erheblich. Er berücksichtigt allumfassend die Texte und Kontexte des Eichendorff'schen Werks, inklusive seiner literarischen Vorbilder sowie der intertextuellen Bezüge:

Eberhardt, Otto: Untersuchungen zum poetischen Verfahren Eichendorffs. Bd. 1: Eichendorffs *Taugenichts*. Quellen und Bedeutungshintergrund. Würzburg 2000.
– Untersuchungen zum poetischen Verfahren Eichendorffs. Bd. 4: Figurae. Rollen und Namen der Personen in Eichendorffs Erzählwerk. Würzburg 2011.

Als weitere wissenschaftlich orientierte Interpretationen bieten sich an:

Bormann, Alexander von: Joseph von Eichendorff: *Aus dem Leben eines Taugenichts* (1826). In: Interpretationen. Erzählungen und Novellen des 19. Jahrhunderts. Bd. 1. Stuttgart 1988 [u. ö.]. (Reclams Universal-Bibliothek. 8413.)
Wiese, Benno von: Joseph von Eichendorff: *Aus dem Leben eines Taugenichts*. In: B. v. W.: Die deutsche Novelle von Goethe bis Kafka. Interpretationen. Düsseldorf 1956.

Ausführliche Hinweise zur Entstehungsgeschichte des Textes, zur Druck- und Wirkungsgeschichte sowie zur Gattungsbezeichnung findet man in:

Schultz, Hartwig: Erläuterungen und Dokumente. Joseph von Eichendorff: *Aus dem Leben eines Tauge-*

nichts. Stuttgart 2001 [u. ö.]. (Reclams Universal-Bibliothek. 8198.)

Als Hilfe für die Unterrichtsvorbereitung sind konzipiert:

Rumpf, Michael: *Aus dem Leben eines Taugenichts*, Joseph von Eichendorff. Inhalt, Hintergrund, Interpretation. München 2006.

Zum Leben und Gesamtwerk des Autors

So sicher es ist, dass ein literarischer Text aus sich selbst verständlich sein muss, so sicher ist auch, dass man das einzelne Werk besser versteht, wenn man weitere Werke sowie die Lebensbedingungen des Autors, die Entstehungsgeschichte der Werke und deren Aufnahme beim Publikum kennt.

Als gut lesbare und reich bebilderte Biographie empfiehlt sich:

Korte, Hermann: Joseph von Eichendorff. Reinbek bei Hamburg ²2007.

Eine knappere Lebensbeschreibung, aber zusätzlich Einzelinterpretationen zu den Romanen, Erzählungen und zu einzelnen Gedichten enthält ein Band aus der Reihe *Literaturwissen für Schule und Studium*:

Bernsmeier, Helmut: Joseph von Eichendorff. Stuttgart 2000. (Reclams Universal-Bibliothek. 15221.)

Mit großem Lob ist eine umfangreichere, aber knapper illustrierte Lebensdarstellung aufgenommen worden:

Schiwy, Günther: Eichendorff. Der Dichter in seiner Zeit. Eine Biographie. München ²2007. – *Dieses Werk hat im Anhang eine genaue Zeittafel und ein aktuelles Literaturverzeichnis. Zu der Novelle »Aus dem Leben eines Taugenichts« gibt es nur ein knappes Unterkapitel. Dagegen wird man über die Beziehungen Eichendorffs zu den anderen Romantikern reichlich informiert.*

Da Eichendorff vor allem in seinen Novellen und in seinen Gedichten weiterlebt, empfehlen sich zur ergänzenden Lektüre einige Einzelausgaben:

Eichendorff, Joseph von: Das Marmorbild. Das Schloss Dürande. Novellen. Stuttgart 1995 [u. ö.]. (Reclams Universal-Bibliothek. 2365.)
– Sämtliche Erzählungen. Hrsg. von Hartwig Schultz. Bibliogr. erg. Ausg. Stuttgart 2012. (Reclams Universal-Bibliothek. 2352.)
– Gedichte. Hrsg. von Peter Horst Neumann. Stuttgart 2012. (Reclams Universal-Bibliothek. 7925.)

Jahrzehntelang hat die Eichendorff-Gesellschaft ein Jahrbuch herausgegeben, das Abhandlungen zu Werk und Person Eichendorffs, aber auch zu anderen Autoren der

Epoche enthält. Dort wurde auch über damalige Neuer-
scheinungen der Primär- und Sekundärliteratur berichtet:

Aurora. Jahrbuch der Eichendorff-Gesellschaft. Würzburg 1929–2012.

Einige der hierin erschienenen Beiträge, aber auch einige
Originalbeiträge sind zusammengefasst in:

Stöcklein, Paul (Hrsg.): Eichendorff heute. Stimmen der
Forschung. Mit einer Bibliographie. Darmstadt 1966.

Von der Bedeutung der Tages- und Jahreszeiten ausgehend und von da die Naturauffassung Eichendorffs er-
schließend, eröffnet eine umfangreiche wissenschaftliche Abhandlung einen Zugang zum Werk des Dichters:

Karl, Sabine: Unendliche Frühlingssehnsucht. Die Jahreszeiten in Eichendorffs Werk. Paderborn [u. a.] 1996.

Eine Reihe neuerer Arbeiten und Interpretationen enthält der Sammelband:

Dampc-Jarosz, Renata / Szewczyk, Grażyna Barbara
(Hrsg.): Eichendorff heute lesen. Bielefeld 2009.

Verfilmungen

Aus dem Leben eines Taugenichts. Deutsche Demokratische Republik, 1973. Regie: Celino Bleiweiß. Mit: Dean Read und Hannelore Elsner. 96 Minuten. [Spielfilm.]

Taugenichts. Bundesrepublik Deutschland, 1978. Regie: Bernhard Sinkel. Mit: Jacques Breuer. 97 Minuten. [Spielfilm.]

11. Zentrale Begriffe und Definitionen

Analyse: von griech. *analýein*: ›auflösen, trennen‹. Methodisch-systematisches Herausarbeiten von Strukturmerkmalen und Zusammenhängen eines (literarischen) Textes unter gezielten Fragestellungen.
➤ S. 112, 115

Autor: lat. *auctor* ›Gewährsmann, Bürge; Urheber, Gründer‹; der Verfasser eines literarischen oder wissenschaftlichen Werkes.
➤ S. 7, 59, 97

Charakterisierung: Art und Weise, wie das Wesen von ➤ Figuren literarischer Texte dargestellt wird. Der Zugang zu einer Figur geschieht: 1. direkt, d. h. durch Angaben des Erzählers oder anderer Figuren, 2. indirekt, durch Handlungen und Reaktionen der Figur selbst, aus denen Charaktereigenschaften erschlossen werden können.
➤ S. 112

Epik: von griech. *epikos* ›zum Epos gehörend‹. Sammelname für jede Form erzählender Dichtung wie ➤ Roman, ➤ Novelle, Kurzgeschichte. Epik ist neben Lyrik und Dramatik eine der Grundformen der Dichtung.
➤ S. 46, 48

Erzähler: Aller Erzählkunst liegt die Ursituation zugrunde, dass ein Erzähler da ist, der das Erzählte einem Hörer- oder Leserkreis vermittelt. Der Erzähler ist vom ➤ Autor zu unterscheiden und kann als Ich-Erzähler, als auktorialer Erzähler oder als personaler Erzähler auftreten.
➤ S. 42, 46, 63

Erzählhaltung: die Art, wie der Erzähler Ereignisse, Handlungen oder Figuren sieht, beurteilt oder von ihnen spricht, d. h. die Einstellung des Erzählers zu Geschehen und ➤ Figuren.

➤ S. 28, 39, 79, 90

Erzählte Zeit: Zeitumfang der erzählten Handlung. Zu unterscheiden von der Erzählzeit, also von der Dauer des Erzählens, Lesens oder Hörens.

➤ S. 7

Figur: lat. *figura* ›Gebilde, Gestalt, Erscheinung‹; bezeichnet die Akteure in ➤ epischen und dramatischen Werken. (Der Sprachgebrauch darf nicht verwechselt werden mit der Verwendung in der Rhetorik; dort werden auch bestimmte Stilmittel als Figur bezeichnet.)

➤ S. 32, 63, 72 f.

Form: lat. *forma* ›Form, Gestalt, Figur‹. Äußere Erscheinung eines – hier – sprachlichen Kunstwerks, also: eines Romans, einer Novelle usw. Darunter wird u. a. die Einteilung in Kapitel, Abschnitte, Dialoge, Sätze usw. verstanden.

➤ S. 42–44, 62 f.

Intention: lat. *intentio* ›Anspannung, Absicht‹. Aussageabsicht, die ein ➤ Autor beim Verfassen seines Werks verfolgt.

➤ S. 45, 57

Interpretation: lat. *interpretātio* ›Auslegung, Erklärung, Deutung‹. Methodisch angelegte Gesamtdeutung eines literarischen Textes. Erwartet werden Hinweise zu Inhalt, ➤ Form, ➤ Intention, Sprachgestaltung und die Zusammenführung der Erkenntnisse in schriftlicher oder mündlicher Form. Erwünscht ist die Zuordnung zu einer ➤ Gattung und zum Gesamtwerk des Autors.

➤ S. 115

Kapitel: von lat. *capitulum* ›Köpfchen‹. Mit ›Kapitel‹ wurde ursprünglich der erste, groß geschriebene Buchstabe eines handgeschriebenen oder gedruckten Textes oder Textabschnitts bezeichnet. ›Kapitel‹ nennt man heutzutage den gekennzeichneten Abschnitt eines längeren Textes.

➤ S. 42–44

Kontext: 1. Kontext nennt man den Gesamttext oder die Umgebung einer Textstelle, aus der eine Aussage – wie eine wörtliche Rede – erst verständlich wird. 2. Kontext nennt man aber auch Texte außerhalb des Gesamttextes, die zur näheren Erklärung oder zum Vergleich herangezogen werden können.

➤ S. 62 f., 120

Märchen: Das Wort ›Märchen‹ ist eine Verkleinerungsform zu dem mhd. Wort *maere*, das mit ›dichterische Erzählung, Bericht, Kunde‹ übersetzt wird. Seit der Romantik unterscheiden die Literaturwissenschaftler Kunstmärchen und Volksmärchen. Märchen sind in ihrem Umfang begrenzte, meist in Prosa verfasste, weder zeitlich noch räumlich festgelegte Erzählungen, deren Inhalt erfunden ist. Sie sind meist einfach strukturiert und in der Intention leicht zu durchschauen.

➤ S. 20, 50 f., 61 f.

Novelle: ital. *novella* ›Neuigkeit‹. Eine Erzählung meist mittleren Umfangs, die sich von anderen ➤ epischen Untergattungen mittlerer Länge dadurch unterscheidet, dass sie einen Konflikt, eine »sich ereignete unerhörte Begebenheit« – so die Definition nach Johann Wolfgang Goethe – in den Mittelpunkt des Geschehens rückt. Dieses außergewöhnliche Ereignis soll aber glaubhaft sein und Anspruch auf Wahrheit erheben. Oftmals sind Charakter und Schicksal des Protagonisten eng miteinander verknüpft. Formale Geschlossenheit gilt als ebenso kennzeichnend für die Novelle wie eine klar strukturierte und prägnante Handlungsführung mit einem Wendepunkt. Häufig werden (Ding-)Symbole verwendet, um abstrakte Themen zu veranschaulichen.

➤ S. 45 f., 48–50

Quelle: Die stoffliche Vorlage, die vom Dichter benutzt wurde, und die sein Werk direkt oder indirekt beeinflusst.

➤ S. 62 f.

Rezeption: lat. *recipere* ›aufnehmen, annehmen‹. Art und Weise, wie ein Kunstwerk von Zuschauern, Lesern, Kritikern und Wissenschaftlern aufgenommen und beurteilt wird. Über die unterschiedlichen Wahrnehmungen und Beurteilungen im Laufe der Zeit informiert die Rezeptionsgeschichte.

➤ S. 106

Roman: Das Wort Roman bezeichnet ursprünglich Schriften in der romanischen Volkssprache im Unterschied zu lateinischen Werken. Sehr früh wird die Bezeichnung nur auf Prosaerzählungen bezogen. Seit Langem gilt der Roman als die wichtigste und am weitesten verbreitete Gattung unter den Großformen der ➤ Epik.

Der Roman ist eine umfangreiche Prosaerzählung, die sich durch eine mehrsträngige, vielschichtige Handlung und eine Vielzahl von Figuren auszeichnet. In der Regel umfasst ein Roman eine längere Zeitspanne, in der die Geschichte und das Schicksal eines Individuums oder einer Menschengruppe dargestellt wird.

Unter thematischen Gesichtspunkten unterscheidet man den Bildungsroman, den Entwicklungsroman und den Zeitroman. Weitere mögliche Untergliederungen sind: historischer Roman, Liebes-, Ehe-, Familien-, Abenteuer-, Gesellschaftsroman.

➤ S. 44, 46–48, 62

Romantik: Der Begriff ›Romantik‹ bezeichnet eine literarische Epoche in der Zeit zwischen ca. 1795 und 1848, die geprägt ist von der Sehnsucht nach einem ursprünglichen, erfüllten Lebenssinn. Die Romantik entwickelt sich als Gegenbewegung zur Aufklärung und zum klassischen Bildungsideal und sucht Orientierung in der Religion, in der Natur, in alten Mythen und Märchen, in der Phantasie und in den verschiedenen Künsten. Bürgerliche Wert- und Ordnungsvorstellungen werden in Frage gestellt, vertraut wird dem eigenen Gefühl und eigener Intuition.

➤ S. 50 f., 63

Sekundärliteratur: lat. *secundārius* ›der Zweite der Ordnung nach‹. Wissenschaftliche Darstellungen und Untersuchungen zu einem literarischen Werk, aber auch Sachtexte über einen Dichter, eine literarische Epoche oder eine Gattung. Den Gegensatz hierzu bildet die Primärliteratur.

➤ S. 123

Stoff: das inhaltliche Rohmaterial, das der Autor in eine literarische Form bringt, also in eine dramatische oder epische Form (Roman, Novelle, Kurzgeschichte usw.).

➤ S. 44 f.

Thema: Grundgedanke eines literarischen Werks, also: der geistige Gehalt auf die kürzestmögliche Form gebracht.

➤ S. 44 f., 64 f.

Volkslied: Mit dem Begriff ›Volkslied‹ ist – unabhängig vom Inhalt und von der Form – ein Gegenbegriff zum ›Kunstlied‹ geschaffen. Unter Volksliedern versteht man einfache, zum Mitsingen erprobte und geeignete Lieder unterschiedlichen Inhalts und unterschiedlicher Herkunft. Erste Sammlungen solcher Lieder veranlasste Johann Gottfried Herder (1744–1803). Die Romantiker knüpften an die Tradition an.

➤ S. 23, 65, 68